启蒙运动与马克思主义

刘云杉◎著

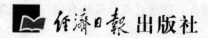 经济日报 出版社

图书在版编目（CIP）数据

启蒙运动与马克思主义 / 刘云杉著 . —北京：经
济日报出版社，2019.9
ISBN 978-7-5196-0599-5

Ⅰ.①启… Ⅱ.①刘… Ⅲ.①启蒙运动—研究②马克
思主义—研究 Ⅳ.①B504②A81

中国版本图书馆 CIP 数据核字（2019）194134 号

启蒙运动与马克思主义

作　　者	刘云杉
责任编辑	门　睿
出版发行	经济日报出版社
地　　址	北京市西城区白纸坊东街 2 号（邮政编码：100054）
电　　话	010-63567684（编辑部）　63538621（发行部）
网　　址	www. edpbook. com. cn
E - mail	edpbook@ 126. com
经　　销	全国新华书店
印　　刷	天津雅泽印刷有限公司
开　　本	710×1000 毫米　1/16
印　　张	11. 75
字　　数	150 千字
版　　次	2019 年 10 月第一版
印　　次	2019 年 10 月第一次印刷
书　　号	ISBN 978-7-5196-0599-5
定　　价	56. 00 元

目　录

第二部分　马克思主义的启蒙话语

导　言　启蒙及其后果

　　掌握必要的知识，在日常生活中按照自己固有的理性指导自己，保持它没有偏见，以便更好地懂得自己的权利并按照自己的见解和自己的良心来行使自己的权利；在那里，人人都能由于自己的才能的发展而得到保障自己需求的可靠手段。①

　　正如孔多塞所说，文艺复兴的浪潮延续到 18 世纪，资本主义的发展使得人们对自我成就的欲望空前的浓厚。当民智已开的大众向这些启蒙思想家询问未来的走向之时，得到的答复显然是积极而充满希望的。工业革命的蓬勃发展带来社会、生活与政治的巨大变迁，科学的进步让人类看到了自我潜力得以实现的可能。上帝在现实中被抛弃，理性的光辉足以使人们掌握一切，人类的自信心由此空前的强大。

　　法国大革命带来了不仅仅是思想的巨变，而且使思想能够持续不断地

---

　　① 孔多塞.人类精神进步史表纲要 [M] 何兆武等，译.南京：江苏教育出版社，2006：156.

朝着理性的脉络，先进的政治体制在血与火的斗争中艰难的地构造。法国一时间成为全世界的先驱，代表着文明、进步与未来。相比并不彻底的英国资产阶级革命，"人民主权"在《人权宣言》中得到充分地呐喊。自由概念在数千年来的人类历史中首次得到彻底的实现。这种实现并不仅仅是思想的解放，更是制度的保证和物质的奠基。法国大革命的浪潮席卷欧洲，甚至在全世界范围内，人权宣言的自由民族平等的原则成为民族解放运动的口号，从而代表了全人类的未来和希望。

理性对传统教会的压制并不是一蹴而就的，相反，文艺复兴以来的理性启蒙很大程度上无法摆脱对教会的依赖。与中世纪有所不同，那种15、16世纪教会统治时期压迫的正当性随着启蒙思想的深入逐渐瓦解了。但即使如此，对教会的片面信服和无条件服从的传统权威仍然被置于批评之外，以至于理性为自然立法的观念仍然只能将上帝本身置于先验的境地。笛卡尔在将理性放于神坛的同时严格限制了理性的边界，"一方面可以合法地被质疑的意见，另一方面服从信仰和暂时性的道德观：'服从我的国家的法律和习俗，始终记住自幼受到上帝恩宠接受其教育的宗教信仰'"①，这代表了文艺复兴之至启蒙运动早期启蒙思想家们对基督教会的一般态度。在韦伯的分析中，作为宗教改革结果的新教伦理仍然是作为资本主义萌芽阶段最为活跃的因素。

笛卡尔的二元论本质上的自我矛盾代表着对自我理性能力的最后一丝质疑，而这种质疑在后来的启蒙思想家那里被彻底打破了。批评和理性的二重性带动启蒙精神对未知领域保持着探索欲，这隐含着启蒙本身对知识与历史的重建诉求。当人们认识到自己的理性并没有一个先验的界域，这些以往被认为是上帝的领域都在反复不断地怀疑中肢解了，取而代之的是

---

① 让-皮埃尔·里乌等主编. 法国文化史（第三卷）［M］杨剑，译. 上海：华东师范大学出版社，2012：11.

将教会和封建势力同样看做是现实的批判对象的方式，这也是与欧洲中世纪教会与封建势力的力量对比相一致的。启蒙思想家旨在推翻一切旧的桎梏，但它并不想建立一种新的桎梏（起码在他们看来是如此），也不是形成一种安于现状的自由甚至无政府状态，而是随着知识膨胀这一启蒙本身的结果开始针对理想社会的建构。

启蒙带来的认识论革命不仅仅只是一个或者两个向度，而是一种全方位席卷整个西方文明的宏大运动，而且这个运动迄今仍未结束。启蒙对于愚昧和迷信的摆脱通过人的理性主体地位的确立，科学思想的解放，社会整体的变迁成为一种始终保持着外向性和能动性的动态结构，并且形成了关于启蒙的一系列现实结果：理性为整个人类的存在方式立法；科学促使人们不断获得知识和进行批判；技术带动了现实的世俗社会变迁。这样看来，启蒙本身的运动结果在法国大革命及其之后的社会运动中得以实现，这种实现方式正是以一种启蒙的方式持续文明的进程。启蒙过后的西方文明进程最终带来了资本主义、科学和进步，并给西方塑造了昨日、今日以及明日的社会。

启蒙运动范畴广泛，历时日久，并且在其进程中的各种思想维度也并非完全统一，或者说基于启蒙概念的解读结果是多元的。这种差距深刻影响了 20 世纪及之后的科学与知识界，并且不断在现实中铺展后果。就"什么是启蒙运动"以及"什么是启蒙"这一类问题，在笔者看来不能仅仅局限于启蒙时代的思想家的自我解读，因为这种解读往往在横向上只是诸多思想的一个方面，并且在纵向上仅仅代表了启蒙的现实诉求，而没有考量到启蒙的现实结果。而如果过分关注 19 世纪以及 20 世纪至今的讨论，则未必价值公正：一种基于启蒙结果之上的文化模式对其形成基础的谈论，必然会对自身的方面有所偏好。所以，启蒙作为一种可以被看做是仍然在进行的运动，或者说是一种仍然在形成或在完成的主题，并不适合作为断代史进行研究。事实上，18 世纪以来这种争论已经极度复杂并且纠缠甚深。

启蒙运动自开始以来就是在不断的二元运动中自我建构的，这表达出它自身本身具有的概念与现实的张力和改造空间。"启蒙"一词先天带有批判和冲突的内涵，它本身就是在反对旧秩序的基础上汇集而成的运动，具备多条相互缠绕的线索。正如狄德罗《百科全书》的无所不包一样，对于"现代"的追求在启蒙运动那里同样是全方位的。当我们言必称现代主义与后现代主义，浪漫主义与理性主义，实证主义与人文主义这一切的时候，则都是在谈论启蒙，而这些二元性在当代的情况都可以做出宏大的谱系学探讨，它们殊途同归都指向启蒙本身。但是，这种开放的启蒙哲学的现实建构并不能用某个范畴来进行通彻的诠释，人们一般认为启蒙运动以来的近现代社会并没有太多思想断裂或者后天原则，为数不多的关乎现代的根本原则都可以追溯到启蒙运动的结果（当然而不是启蒙思想的结果），而这一系列的结果构成了两百余年来的历史与现实，并且外化成一系列现实的社会、政治与文化准则，这种呈现为历时性、现实性与建构性的结果被称之为现代性。

这并非意味着本书会将启蒙的结果作为剖面来定义启蒙，而是试图从启蒙和现代性之间的关系，即其本身自我运动的发端和这种运动的逻辑和现实结果的关系来定义启蒙，简而言之，启蒙的复杂形式及其复杂结果正是现代性的复杂结构。这有利于区分启蒙思想本身的向度和启蒙内在的运动矛盾的自觉性对现代的进入，这就能够最大程度上避免关于启蒙的绝对化认识，并且直面启蒙运动内在矛盾的逐渐展开。

启蒙的方式并不可以被简单地归结为是一种思想或文化的习惯，要知道现代社会机制都可以被当做是启蒙的派生物。在不同文化的语境中，启蒙被加以不同的侧重，例如德语称为 Donkart，即为思维框架；法语称为 mentalite，即世界观。经过笛卡尔、培根、洛克对于人类理解能力上的努力，黑格尔（George Frledrlch Hegel）认为，启蒙即"纯粹识见"，将认识与理解世界的权力最终归于人本身。这种做法不得不将启蒙置于一种概念运动的背景下，并且将自然与道德的关系纳入到启蒙新城的精神化的认识当中。这可以说是启蒙运动时期思想家观点的集大成者，也是启蒙思想中认识论的自然结果。启蒙在早期更多的被当做一种绝对精神，这种精神与人性和道德相关联，更深一层的则视为了达成世界和人的心智的一致。而启蒙通过理性和自由的绝对诉求进一步的外化为政治，从而在政治社会领域达成彻底的理性认知，将社会外化物形成一系列的理性法则，从而实现精神与其外化现实的理性一致性。这种对理性精神先验绝对化的倡导通过古典哲学而达到高峰。

在经历了启蒙的现实后果的当代哲学家眼中，启蒙更多是作为一种现实的结果而被重新发现的，他们有条件并且更加擅长进行充满历史感的分析。门德尔松（Moses Mendelssohn）则把启蒙作为一种教育机制：它不仅仅是教育的内容，也是教育的方法和过程，强调启蒙作为一种现实的文化机制，对于个体社会化的塑造。在恩斯特·卡西尔（Ernst casslrer）的眼中，启蒙的重要意义已经不再是那些名噪一时的思想家本身的学说和观点，而是作为一种历史运动产生整体的影响。这已经将启蒙和启蒙思想本身做出了区分，并且给予了启蒙的内在逻辑的生动性以更高的地位。在韦伯那里，启蒙则是为了唤醒世界，更重要的是，他把启蒙与现实的历史运动结合起来，新的道德体系、社会秩序和思想结构在现实就反映为资本主义的蓬勃兴起。在"什么是启蒙？"这个问题的解答中，霍克海默最为直接地揭示了其内在的二重性，"被启蒙摧毁的神话，却是启蒙自身的产物"①，"启蒙消除了旧的不公正与不平等——即绝对的君王统治，但同时又在普遍的中介中，在所有存在与其它存在的关联中，使这种不平等长驻

---

① 霍克海默，阿道尔诺.启蒙辩证法［M］渠敬东、曹卫东，译.上海：上海世纪出版集团，2006：5.

永存"①。这种二重性是在历史当中形成的，即启蒙也是通过历史而展开其自身的。

从启蒙运动对 18 世纪及之后历史发展的作用来看，无论保有着哪种细节的成见，启蒙本身仍是作为批判者的姿态而存在的。毋庸置疑的是，启蒙运动希望通过对启蒙精神的宣扬来使人真正成为人，就必然要对一切所谓的桎梏，无论是思想的、信仰的、政治的阻碍都加以清除。如果这些障碍能够自我变化，则就逃离了批判的刀尖。在启蒙思想家看来，启蒙本身就是要打破一切牢靠的信条，正如马克思所说，要让"一切坚固的东西都烟消云散了"，将加持在历史与知识之上的权力排除，并将其与未来做出开放式的连接。这就表明了启蒙本身并不拒斥传统，而是拒斥对传统的片面解释：神化或者是污名化。一切事物都需要被重构，那么启蒙本身的理性、自由、科学与民主就是重构的方法论与结构，这些都是以批判的形式加以表达的。

所以，"启蒙运动"也好，"启蒙"也罢，如果我们并不局限在其特定历史中的功效，而把它看做一种还在持续的、连接历史、现实与未来的对象的分析，就可以看到启蒙仍然是一种还在不断持续的人类理解方式。即使可能不同的人对启蒙有着不同的理解甚至价值判断，但是唯一不可回避的是古典唯心主义者试图绝对化的启蒙原则在现实历史运动中已经作为一种概念实现了。启蒙确实在某种意义上达成了自己的目标，完全挣脱了西方中世纪的现实束缚。而我们之所以将启蒙仍然作为一种正在进行的理解方式，遵循着某些抽象的原则，在当代社会中构成反复启蒙的实践，以达成"现代"的不断深化，是因这是一种不可停止的，与"现代"紧密相连的运动，在这个意义上，启蒙就还没有实现。

---

① 霍克海默，阿道尔诺. 启蒙辩证法 [M] 渠敬东、曹卫东，译. 上海：上海世纪出版集团，2006：9.

所以，启蒙运动在广义上讲绝不是一种已经完全实现了的政治或文化运动，也不是某种短期的变革与革命，笔者只能将其称之为"形成现代性的运动"来概括从领域上、时间上及其深刻程度上的影响。它既是哈贝马斯（Jurgen Habermas）口中的公共领域，也是卢梭口中的教化，同样是韦伯所说的"铁笼"与海德格尔的"抛出"。大多数关于启蒙的争论并不是在几个世纪之前的经典文本中，反而正是在启蒙本身的后果和关于启蒙的诠释中。这些争论可能强调其中的某一个因素，或者是通过启蒙诠释与后果的某些矛盾性或者与其精神的背离来诘问，亦或者是将启蒙的抽象精神与实际后果混为一谈，这些问题也内含着关于启蒙哲学化与现实化的争论，这些本身也都是启蒙探索的内容。

更为重要的是，将启蒙作为一种历史自觉的实践本身就将启蒙神化了。启蒙在资本主义的自我发展过程中单向化了自身的合理性论证功能并异化了其自我反思功能，用理性排除感性，用经验排除超验，用工具代替思辨，从而将现实的启蒙世俗结构定义为一种理性拜物教的形态。"人义"对"神义"① 的取代进一步反转为"人义"的神化，这就需要我们回到霍克海默的判断，启蒙运动在现代一如既往的就像其倡导者主张的那样，保持着对迷信状态的批判与重估，尤其是在自由思想家们倡导重估一切价值的时候，唯一没有被重估的恰恰是启蒙自己。本书所讨论的一个重要问题就是启蒙是如何在维持着重估的可能性的同时却被建构成为价值判断之外的神化角色的。当启蒙试图推翻一切上帝的假设、一切教条、一切傲慢与偏见这些曾经作为阻碍人类解放与思想自由的事物时，就必须将自己拉上神坛才可能进行至高无上的批判。这种观念的形成影响的并不仅仅是理念世界和文化世界，而是成为现代性达成整体的垄断。这种对待启蒙的思路要求必须抛弃将启蒙作为一种在历史中的不变信条的启蒙观，而是形成一

---

① 张志扬. 偶在论 [M]. 上海：上海三联书店，2000：2.

种将启蒙作为辩证法运动向现实投射的结果。简言之，只有从启蒙的内在逻辑运动才能详细地观察到启蒙究竟进行了怎样的变化、经历了哪几个演变阶段，是如何通过自反性构成自我的反面的。

第一部分　启蒙的历史与现实

第一章　启蒙的维度

　　启蒙哲人自称疏远了周围的基督教世界，但这种说法很少被人认真看待。相反，有人嘲讽启蒙哲人"仅仅"是将宗教观念世俗化了，说它们不过是披着现代外衣的中世纪僧侣，是不知感恩的基督教传统继承人：他们假借进步之名，用世俗的拯救来打击虔诚的宗教拯救愿望；他们否定灵魂不朽而代之以生命不朽；他们嘲笑宗教的偶像崇拜却又树立自己的圣人，如培根、牛顿和洛克；他们也党同伐异，驱逐内部的异端，如卢梭；他们甚至也搞朝圣。如到费尔内去谒见伏尔泰。①

一、世俗与宗教——观念的启蒙

　　西欧进入中世纪以来，封建的生产方式逐渐取代奴隶制的生产方式，

---

① 彼得·盖伊.启蒙时代（上）[M] 刘北成，译.上海：上海人民出版社，2015：301.

整个欧洲经历了一场深刻的变革。这个变革，造就了基督教至高无上的地位，同时，将基督教体系完全的与封建统治体系联系了起来。罗马帝国成立初期，基督教规范的缔造者们往往被罗马统治者处以极刑，封建统治者总是企图消灭这些民间团体。然而，他们没有被消灭，也不再是民间的团体了。帝国统治者的变化与基督教本身的变化，使得基督教越来越有被封建统治利用的必要，而这个利用，正是在于基督教广大的民众基础。罗马帝国长盛不衰的原因之一，就是在于他们利用了这个民众基础。到后来，更是独立于封建统治者之上形成了一个更稳固的信仰共同体。当然，当基督教真正从被迫害的对象变成统治者时，它本身也从被压迫者变为压迫者。

基督教还是被压迫对象的时候，它的生存根源在于那些被压迫者，也就是说，正是有了罗马帝国的封建统治，才有了压迫，也就才有了基督教。那么，很显然，基督教被视为帝国统治的最大障碍，所以罗马帝国就成为基督教最大的反对势力。"基督教徒拒绝膜拜帝王被认为不利于政治稳定，罗马当局给教皇冠上道德淫荡的教派称号，试图以惩处甚至逐个迫害的方式铲除基督教"①。实际上，之所以基督教成为了当时的异端，原因之一就在于基督教徒不承认等级制度，因为他们似乎天生就是反抗等级制度的使者。罗马帝国的等级统治越是残酷，基督教的信徒就越是繁多。罗马帝国越是对基督徒进行迫害，越能吸引更多的平民加入这个庞大的反抗阵营中去。

罗马帝国的封建统治缺乏一种统一的信仰体系，亚里士多德时代的遗产并没有被幅员广大的帝国各处的人民所接受。而恰恰，眼前就存在着一种现实力量。于是，罗马统治者发现帝国的整体意识形态有赖于基督教，就是在于在整个帝国的范围内，只有基督教能完成不同种族甚至肤色人民

---

① 张维迎. 制度企业家与儒家社会规范［J］. 北京：北京大学学报，2013（1）：26.

的共同的反抗心愿。也就是说，基督教之所以成为罗马国教，正是罗马法广泛"平等"推行的结果。

基督教成为了罗马国教，正如这句话所说"基督教获得了受尊重的地位。他（指君士坦丁大帝）还将大量财富转移给教会，对教堂实行免税政策，承认教会的等级制度……在狄奥多西大帝的统治下，基督教正式成为罗马帝国的国教"①。实际上，封建统治者首先要笼络基督教之下的反抗者，其次要控制这个信仰体系使自己的统治稳固。而基督教本身的统治与等级体系也被完全承认了，那么，其实基督教已经控制了帝国，而不再是帝国控制基督教。这样，基督教彻底被统治阶级化了，罗马帝国封建统治与基督教的统治完全的血肉相连了。于是，基督教的最初成员，还是被压迫的对象，只不过他们已经变成了心甘情愿地被压迫。政教合一国家的形成就是有利于这一点。

当平凡的基督徒心甘情愿的受着教会封建统治的压迫时。自然而然地会出现反抗者。这些反抗者认为，基督教本身就是给人一个平等与上帝对话的机会，而其成为罗马国教之后，这个机会全部变成属于主教们的了；基督教本身要为了反抗罗马帝国残暴的等级统治，现在却让这种残酷的等级剥削融入了基督教体系之中；面对西欧民族国家的形成，基督教会却不断地压迫这些世俗的人的本性的政治化，使人间反而被教会本身压制得不能自我赎救，于是主张在民族国家内的平等法制的思想，想借助在尘世创立的"和谐"来呼应上帝。这就构成了市民异端，农民平民异端以及市民法学派的社会思想。这些学说反映的是不同阶层的不同利益诉求，而其中心思想却是一致的。他们认为广大的下层阶级用斗争换来的基督教的繁荣，却没有得到他们想要的，或者说，他们认为不是基督教本身取得了胜利，而是罗马帝国以另一种方式战胜了基督教。他们被官方斥之为异端，

---

① 张维迎. 制度企业家与儒家社会规范 [J]. 北京：北京大学学报，2013（1）：26.

实际上只有他们才保留了基督教原始的教义。

实际上，异端思想的主要诉求在于对上帝的平等与尘世的平等，即信仰权利平等与民主权力的平等。在罗马基督教帝国时代，它们主要表现为对教士与主教在信仰与世俗两方面的权利与利益表示不满。而他们之中的某些人进一步认为，正是在于教士垄断了信仰，于是才垄断了获得财富的权利，才导致社会不平等。那么，信仰不平等实际上是世俗地位与财富不平等的根源。正如恩格斯所说"……他要求在教区成员间恢复原始的基督教平等关系，并且承认这种关系也是市民社会的准则。它从'上帝儿女的平等'推论到市民社会的平等，甚至已经多少推论到财产的平等"①。当然，城市市民异端的思想主要在信仰方面，而平民异端则是通过自身的困境，论证了信仰与世俗权力的一致性。从而要求全面的改革，甚至革命。当然"14世纪末，英国农民首先取得了自耕农的地位。但是，由于当时还没有新的生产力，没有新的生产关系，没有新的阶级力量，没有先进的政党，市民异端与农民起义运动还不可能有彻底、明确的政治纲领。他们提出的财产共有、消灭等级差别的革命口号，只是一种幻想。"②

从罗马帝国把基督教确立为国教，一直到基督教分裂，直到近代民族国家开始形成的14—15世纪。基督教本身所代表的阶级利益也在不断发生变化。可以说，基督教从下层阶级变为了统治阶级，就理所应当的从反抗统治阶级变为压迫下层阶级。异端思想的出现，实际上就是基督教思想在不同阶级兼容性的体现。一方面，基督教与封建统治血肉相连，主教成为了大领主，国王从属于教皇，构成为稳固的统治体系。另一方面，下层阶级不断在利用基督教最原始的教义来为自身权力斗争。这就演化成了对立阶级披着争夺基督教正统教义的外衣进行的阶级斗争。但是，基督教异端

---

① 马克思恩格斯全集第七卷［M］．北京：人民出版社，1959：403．

② 侯钧生．西方社会思想史［M］．天津：南开大学出版社，2012：119．

思想对下层平民权力的诉求与对平等的要求就直接影响了近代对于民主潮流的肯定。实际上，资本主义萌芽与异端思想是同时产生的，异端思想或多或少地反映了资本主义生产方式的要求。可以说，这些反抗正统基督教的异端思想，就是宗教改革与文艺复兴思想的前奏。

首先，异端思想与宗教改革、文艺复兴甚至启蒙运动的思想内容都是有继承关系的。他们受到的社会经济条件的制约是不同的，但他们的呼声都对他们之后的平等运动奠定了思想基础。从市民异端的对上帝信仰的平等，到平民异端的财产与地位的平等，再到市民法学派的自然法统率社会，从而实行政教分离。就分别对应了马丁·路德在宗教改革的信仰自由，文艺复兴的提倡人性的解放，直到启蒙运动的法治社会与契约社会，都有着非常直接的承续关系。

其次，他们都是基于资本主义发展的具体情况来提出学说的。这就在于，资本主义的发展与封建教会势力的巩固是成反相关的，也就是说，新的改革面临的阻力越来越小，同时改革者从社会经济条件中获取的思想也就越来越先进。那么这种里应外合，就可以不断地将人从基督教会中拯救出来，无论是信仰上还是世俗上。

第三，这些思想都包含着将教会从世俗中分离出去（这个世俗无论是指政权，还是财富，还是人性），但都强调了一定要保持对基督教正确的信仰。这是最关键的一点。可以说，基督教的超时代性就这样体现，在社会主义社会之前，每一个时代的每一个阶级都可以从基督教中找到符合自身要求的内容，也就可以把基督教改造成属于自己阶级的意识形态。从而利用政教的双重统治稳固社会。

"启蒙"在很大程度上意味着对旧秩序的讨伐与对新秩序的建立。启蒙思想家是从批判中世纪基督教神圣霸权开始现实的重构历程的。无论学术界对这种自宗教改革以来的进程抱有怎样的疑问，比如是否放弃了宗教应有的地位，还是假以现代之名完成宗教的退却，但不可否认的一点是，启蒙运动带来的世俗化进程是现实而直接的。观念启蒙的第一个重要前提并不是启蒙思想家们的言论深入人心，而是这些思想首先改变了人们的社会与政治生活，即"现代"的确立。"现代"通常被认为出现在 16 世纪的文艺复兴之中，与"礼貌"或者"文明"这种概念相似，都是在一定历史条件下进行的为世人所侧目的转折，而且通常被认为是传统的。单纯的对于现代这个词的理解意味着人文主义者用自身的价值代替宗教价值的愿望，逐渐形成一种现实的潮流。此后不久，"现代性"的概念就出现在了 17 和 18 世纪的"书的战争"之中，人文主义者不喜欢中世纪哲学那种对世界的技术性研究（形而上学已经被上帝之城占据），而十分热爱和关注修辞和语法。这种行动在现在看来是很好理解的，在中国的印刷术开始在欧洲普及之后而翻译出来的大量关于基督教占据统治地位之前的文本显然有助于人文主义者加强对现实的进一步解释。他们希望用新的语言环境创造更加确切的对基督教和《圣经》的解释，从而奠定同一时代出现的科学与艺术的异端的话语权和合法地位。

这场关于文字的战争的焦点正是通过新的技术翻译出来的经典的合法化斗争以及争取相应的文学的表达风格。这个斗争的背后是印刷术在欧洲的流行导致的知识大众化进程。笛卡尔在其理性神学中认为，永恒是上帝的本质，认为"一个人的生命不是一种连续不断的绵延，而是在瞬间之外确立起来的，在这种方式中，胶片的运动建立在一系列静止之外"①的上帝论证很显然代表着与古典主义传统神学相一致的美学观。一种不变的存在的代码就被看做是美，即上帝就是美。这种事实上在表达对上帝之城的怀念的无时间性的古典主义美学被新生的现代性所排斥。现代性所关注的焦点是"现如今"或者"当下"，人们的目光就从过去投射到了可以被经

---

① 安东尼·肯尼 . 牛津西方哲学史第三卷 [M] 杨平，译 . 长春：吉林出版集团有限责任公司，2010：332.

验感知的现在，时间的意义就显得无比重要。与中世纪所不同的是，对现实的追求就必须借助科学和思想的解放来获取合法性，进而波及到现实的政治领域而产生了《君主论》。资产阶级革命自然与这两点紧密的连接着，这使得英国成为了最早将现代性与资本主义社会真正连接在一起的国家，弗朗西斯·培根在这时用科学主义的历史以及逻辑学对人类知识的总结提出了对古代智慧的反对。在这种背景下，对神学的永恒观的破坏使得希罗多德之后的历史感得以建立，进一步的，世俗社会在大众文化中被建立起来，与工业革命起步所倡导的科学追求一道，成为世俗化的核心。

这个世俗化的过程带来的启蒙运动前后人们对自身认识能力的普遍自信，这不仅来源于对自我理性的信任，更重要的一个前提则是人们的目光从先验的上帝之城中转向了现实生活。换句话说，正是世俗化带给人们对自我认识自信的可能。在世俗领域，尤其是以社会精英为代表的受教育阶层的无神论政治社会倾向饱含着当时流行的怀疑主义。当他们没有能力直接推翻教权的前提下，只能将世俗世界和宗教世界区分开来。在传统领域，上帝被作为先验对象存而不论，而世俗社会的独立则有利于将其中的宗教因素排除在外。休谟就是一名典型的怀疑论者，虽然他不得不时刻警惕自己的言行以免遭教会的指责。而其之后的法国唯物主义哲学家则更为幸运，他们可以在精英群体中达成立场上的共识，认为那些传统的、以宗教为代表的社会信念并不是牢不可破的，也没有得到人的自我认识的证明，那么这就是不可靠以致必须要去怀疑的，这成为一个健全的人的必要属性。思想情况的改变直接带来人们开始用世俗的态度，用人与社会直接进行经验感知、理性思考的态度加以生活。《人性论》就是这样一种呼吁的代表，休谟试图走出概念的游戏，阻止人们继续沉沦在毫无现实意义的精神世界之中。在18世纪末，拉美特利（La Mettne）出版《人是机器》，他将人与自然和宇宙的一切都尝试做出了唯物主义的解读，将人的复杂性上升到很高的地位。培根在《新科学》中也利用了相似的方法论观点。这些启蒙的手段在现实中不仅重新发现了自己，更是重新认识了社会。

在宗教这个问题上，启蒙思想家们随着时代的发展开始从存而不论转向到了系统的批判。人的社会性作为摆脱人的精神个体的宗教信仰前提成为了一种必然状态。从亚里士多德开始，人是一种社会性动物的观点就已经被确立。在这个人进入世俗社会中就存在一对这样的矛盾：人们正在不断渴望社会化，并且享受现世的生活，但是期内新作为个体的身份却会对社会产生排斥。正如康德所认为的"虽然现在每一个个体的'自然'人在本能上都是群居动物，感受到自己是社会中的人，但是他还拥有一种同样强烈的冲动，那就是'使自己个性化（孤立化），因为它自身同时还将抱有希望所有事情都按自己的方式运行不趋向于社会性的性质'"①。在这个意义上，康德首先将个体意义上人对于自我的认同作为现代人的重要标志，同时成为个人主义的一个重要的理论来源。在我们探究世俗化的几大明显的特征时，这种个人自我意识的兴起与人们对于社会世界的关注一样重要。

于是，这种个人与社会在个体启蒙现实中的二重性形成中有着重要的意义。它代表了一个重要事实的形成：启蒙所带来的世俗化是从个体作为起点的，只有个体的世俗性，才有社会的世俗化；只有人对于自己的身份认同，才可能将自我的权力放置于社会之中。对于自我的发现，成为世俗化的一个重要的起点。

对一个个体来说，宗教改革所带来的资本主义精神在韦伯看来正是一种现实欲望的回归，这与人的自我要求是密切相关的。自我确立的个体地位所要设想的并直接使用某种普遍意义的信条来约束从而形成社会契约，这个过程中必然带有人性的自我追求可能引发的冲突。这就从根本上否定

---

① 安东尼·帕戈登. 启蒙运动：为什么依然重要［M］王丽慧等，译. 上海：上海交通大学出版社，2017：21.

了禁欲主义的可能性，一种受到压制和约束的现世快乐最终成为社会契约所能容纳的良性发展机会，那么这正是建立在全社会充斥着伊壁鸠鲁式的快乐主义的追求当中。如何既能得到安静的内心，又能得到激情与幸福，这看似是不能调和的关系，神学始终确立的就是对自我欲望的压制和追求来生的幸福。而一方面是生活中物质享受和自由的精神，另一方面还要保持对自我的约束和安宁。这个矛盾在启蒙思想家那里得到了很好地解决，实际上这也解决了关于个体自由的主动张力和整合社会秩序的重构关系。正像霍布斯和洛克所强调的一样，泛滥的个人欲望如果得不到压制，最终会造成社会的无序状态，但是个体的理性总是趋利避害的，那么构成一种复杂的共识也就具备了可能。伊壁鸠鲁所说的安静首要条件是一种安全并容纳自由的状态，这同样也是构建人类自然法精神的重要要素。

斯多葛主义为启蒙思想家提供了另一重要的理论来源，即使它与伊壁鸠鲁主义大相径庭甚至互为对手，根本上是在于两者持有基本的世界观和人性观立场上的差异。在启蒙思想家那里，斯多葛主义者主张对于个体幸福的追求，尤其是对人追求幸福能力的自我认同。与自然神论有所不同的是，对于心灵和自我能力的神性解读自然导向了人们对于自我肉体的重视。古罗马皇帝奥勒留就是其中的一位杰出哲学家，他认为神性与个体是直接相关的，那么就意味着自然神论甚至主观唯心主义的进一步阐释成为可能。另一方面，斯多葛主义对个体体验重视的一个重要的途径就是将神圣事物世俗化与现实化。在斯多葛主义者的世界观当中，神性就等同于理性，作为贯穿在现实世界的主动性而存在，他们对神的承认被后来当做对人性具备神性的观点去加以承认。

经历了法国哲学和启蒙思想的洗礼，康德更加彻底地展开了对上帝传统证明方式的批判，并在进一步地宗教改革中获得了广泛的共识。他进一步地将上帝作为一种先验假设而看待，并认为这对于我们在理性上可以把握的经验世界中是无效的。从这个意思上，康德与笛卡尔同样将世俗社会和上帝之城进行了区分，在本体论角度为经验世界确立理性统治。进一步的，康德将基督教义的世俗化解读为一种摆脱外在权威的人类理解方式：

> 既然道德是建立在人具有自由意志这一观念之上，通过他的理性是自己受制于无条件爱你的法则，那么，道德既不需要另一种在人之上的存在物的概念来理解他的义务，也不需要法则本身之外的某种动机来举行他的义务。①

康德将道德伦理学作为某种自我而不依赖外在环境或者外在标准的原则，并且通过这种自律的信条排斥那种以往通过无条件遵循某种外在意志或者外在信条的他律原则，从而将自我理性代替了外在的上帝，成为个体社会行动的主题。这样，人的理性意识的对象就不再是上帝，因为先验是不可知的，人的理性所服从的因果律只可能作用于物理对象即现实世界，这一点是具有深远意义的。进一步的，康德借用了某些宗教改革中新教的观点，将个体的责任与上帝连接在一起，认为人应当具有这样一种责任，即上帝既然不是人们认识对象和实践理性的对象，那么就应当是在理性应用背后或者前提下的东西。康德见上帝作为他构建纯粹实践理性的预设，从而赋予了基督教自然神论的解读。当然这一点迄今为止仍然是饱含争议的。从客观上讲，康德的宗教解读为启蒙理性和上帝创造了一个充分共存的空间，他将现实的道德与理性认识的对象固定在了可知的世俗世界，使上帝不再介入现实。人是现世中上帝精神的代言人，所以必须为自己负责，遵循德行，行驶理性，实现自我成就。

黑格尔的的宗教哲学与历史哲学是紧密相关的，基督教在他看来同样

---

① 康德．转引自科林·布朗．基督教与西方思想第一卷 ［M］查常平，译．上海：上海人民出版社，2017：325-326.

是一种特定历史时代的展现，那么就需要从精神运动的展开历史中去考察。黑格尔将上帝作为一种现实的双产物，是一种社会整合程度与人类理解能力的产物，也就是作为与绝对精神的等同的、通过自我运动展开实现的。但相比而言，宗教本身则是需要被哲学发展扬弃的，即他在承认上帝无不存在的同时，对传统的宗教进行了彻底的重构，这种辩证法的重构打破了固定、神圣的戒律和信条，取而代之的则是对社会、道德与法的领域的重新解读。

对于黑格尔来说，逻辑学既代表着世界运动的一般模式规律，也同样是人的精神所思维的必然方式。这样黑格尔就将上帝与人的关系重构成为一种基于"万有在神论"的诠释，即绝对精神就是上帝的意识，人就是上帝意识外化的重要表象，那么人性对神性的复制就具备了合法性，而且人不必要再去试图超越经验以探究上帝是否存在的问题，因为从某种意义上说上帝就是人所处的宇宙本身。那么，人的自我救赎的指向就成为了对于世俗的实践。这样，黑格尔完成了自身哲学对宗教神学的取代，将以往的宗教正统诠释作为宗教精神向上帝接近辩证运动的一个不彻底的环节。

在这个基础上，黑格尔认为基督教教义中的"圣灵王国"概念在古代可能作为一个宗教共同体而存在，而在现代则表现为民族国家或者文明国家的概念，这表达了绝对精神向市民社会外化运动的历史主义观点。那么，现代的个人在这种外化程度下就具备了更进一步能够反映上帝的无限心灵，即"圣灵注入"这样一个历史过程使得个体具备了无限性，与同样作为精神外化物的世俗社会构成统一。既然上帝是包裹在所有客观性之上的绝对存在，那么个人精神只可能在世俗社会中达成这种精神向上帝的复归。换句话说，个人在社会中展开自身的劳动实践，满足自我的欲望都是自我意识寻求与外在世界相统一的自觉行动。在许多方面，精神现象学的中心主题体现在欲望的重复出现阻碍了某种稳定自我意识的形成，并且促使人们寻求一种更加安全的身份基础。这种自我确定性来源于自我精神与肉体的内在统一，而非与上帝的外在统一。在上帝面前，传统宗教神学使得大多数人被戒律奴役，以逃避这种个体的不确定性与不稳定的状态，以及通过自我禁欲的修行压抑个人欲望。继承了古典哲学的先辈对于个体不完整性的认识，黑格尔将对自我切实的痛苦与焦虑作为外化劳动的必然动机。

在黑格尔看来，绝对精神外化成为客观世界，尤其是人类历史社会，对于人的个体精神的创造就必然不同于上帝。一方面，个人精神的有限性依赖于个人与社会互动的辩证法，即个人需要通过外在社会实践获得自身，满足自我的痛苦与欲望，寻求完整性。另一方面，个体本身作为社会的一个环节而存在，是满足社会发展的必要前提，更是达成人与社会在外化条件下统一性复归的过程。所以，黑格尔将个体与社会作为一种辩证整体来看待，借助了上帝确立了个体存在的社会意义，从而在 19 世纪奠定了全面世俗化的基础，也充分释放了人的潜力。

二、自由与禁锢——人性的启蒙

在自然神论逐渐取代基督教影响力的历史进程中，启蒙思想家本质上批判的是沉浸在旧秩序虔诚信仰中的社会观念。启蒙运动斥责守旧派狂热的保守行为在某种意义上不可避免地陷入了历史的沉浸之中，即拒斥前面所说的现代本身所带来的内涵，即重建世俗社会的诉求。现代的现代性带来了与以往根本不同的社会经验上的新形式，这也正是启蒙世俗化的结果，带来了个体层面自由主义的兴起，而上升到社会层面则是作为民主自由的社会运动而发展。那么"现代"一词就意味着一种全新历史的开端并且为人们清晰地认识到了这一点，这种时间意识形成的指涉来自于现代科学的日益进步，带动了人们对过去时的祛魅。

可以说，现代一词本身就是与过去的相对，就意味着将人的全部从

"过去"的秩序中抽离出来，摆脱人的禁锢，这时作为个体的人是一种无信条的状态，即先天的自由状态。当然，这个词在稍早一些中世纪的基督教思想家们看来则是表达一种对秩序建立的状态的称呼，这是针对罗马教廷还没有确立绝对统治的异教盛行的时期，现代意味着"克服野蛮"。在欧洲社会封建化进程中，宗教在形成社会秩序上发挥了极其重要的作用。这个概念让人们首次清楚的认识到自身存在在"当下"并且产生对时间轴上今天的来源很清晰的认识。在这个基础上，启蒙本身让人们意识到以往自身被禁锢的信条并不是牢不可破的，而是依附在宗教对历史的时间的改造前提下的。既然禁锢本身也都马上成为了历史，这就意味着人们认识到了对过去的远离和对未来的可触摸性，进而就获得了关于自我地位的肯定。现代性则是将这种概念彻底的时间化，生存并见证"现时"成为一种现代的意识。在这种意义上，"此刻"（the moment）这一指称将过去与现实之间的关系表达了出来，并且成为了有关于现代社会精神延展的一个必要前提，从而给予现实的人以完整的性质。

"启蒙"这个最为重要的现代概念没有出现之前的现代性集中于确立新的秩序存在的合法性，这种合法性的直接来源就是通过时间来创造一个完整的人。现代意味着过去、现在与未来的交织，这是其固有的精神之一。这就意味着在这种时间概念的确立过程中将以往并没有使用这个概念的历史过程进行了重新的建构，历史则不再是关于禁锢的现实，而是成为了现代的、活动的、具有创造性的人的历史。这种时间观念无疑意味着对历史的重构，意味着当启蒙思想家将真理一下子跳跃到科学和无神论的时候，相应的历史事实变得足够支撑这种动机的真实性。在现代性着力批判上帝之城对于现实时空和人完整性的不完全存在时，所谓的现代之前被文艺复兴和宗教改革重组并用于建立起历史在时间意义上的完整性，从而从时间维度将历史划分为神的历史和人的历史。

启蒙思想家对于人的自由的讨论基于哲学家们的宗教改造之上，无论是新教还是旧的教义诠释，上帝在理论和社会中的撤退是一个现实的过程。世俗社会的兴起意味着对人的释放，从社会层面带来了人们对于新的政治自由的诉求，在个体层面则是带来了人们对思想自由的呼吁。事实上，这个过程并非仅仅是向民主主义和理性主义演进的直线过程，其中同样蕴含着浪漫主义、无政府主义、空想社会主义以及新的专制主义的内容。

无论是启蒙内部的何种呼吁，在康德以及黑格尔这样的大思想家看来，人类已经有能力或者已经发展到足够的阶段去创造自己的历史，而不是神的历史，这意味着人已经摆脱了启蒙之前的不成熟状态。那么这种成熟状态的重要特征就是对自己本身的信任，作为人对自我理智和能力的信任。麦迪逊在《联邦党人文集》中也作出过这样的启蒙，美国人之所以站起来反抗，正是由于他们已经认识到了它们作为人不需要盲从于他者以及恪守强加在他们之上的信条，而是要用自己的精神和理智创造幸福。相似的《人权宣言》中更是强调了自由意志的意义，对自由呼吁并不仅仅是与自我的身体解放相关的，而是要从传统宗教那里拿回认识自己的权力。

"自由"概念在启蒙思想家那里通过对基督教义的重新阐释被赋予了人性的意义。这种人性并不可以被简单的化约成为一种自由主义的呼吁，而是一种对于人本身潜力肯定的证明。个体是伟大的，具有激情和创造力的，拥有丰富的情感和欲望，这才是启蒙运动发现的人的直接本质。在此基础上，自由的概念正是对于人的内在本质的释放的权力，而启蒙思想对基督教的批判恰恰就是以神学戒律对人们内在性的压抑作为起点的。自由针对宗教压迫拥有着丰富的含义。首先，自由是一种人的本性的合理状态。启蒙意味着改变旧世界从而迎来新世界。新世界的基本要求就是重返精神的自由状态，允许不同意见和信仰的存在，不同情感状态的释放的自我权利。这种自我权利并不是理性主义的，理性仅仅是其中的一个部分，或者个体的一个选择。第二，对于自我精神释放的需要必然要求对于他人精神释放的宽容。启蒙思想家改造基督教的博爱思想的内涵，将其作为启蒙的核心要素，从而将个体的自由上升成为社会的意志，即社会需要保障人的基本权利。

对人的自由的强调进一步加快了世俗社会的形成，这是一个相辅相成的过程。即使其中存在有很多异质性，即关于启蒙的多元解读，事实上这也正是启蒙自由精神所要求社会必然容纳的一部分，而社会的自然选择在现实的社会契约的改造中获得了成功。对于个人自由的保障是启蒙自由观最终的形式。除了必要的社会契约之外，并不存在任何教条或者不可违反的神圣信念，更重要的是人们不用再担心异教徒或者意见不合者将争论诉诸于刀剑。国家与政府代表了全部人自由选择的最大公约数，人们共同享有社会空间。

在这个背景下，人们欲望的释放得到了进一步的满足，国家与政府作为保证人们自由权力的机器，所容纳的成员是经历启蒙的现代公民。这种身份带来的不仅仅是符号的差异，而是作为一个从禁欲主义的机械群体向拥有自由精神的有机团结群体的转变。这种转变要求个人追求幸福的权利得到充分保障，人们不再追求抽象的自由，而是现实的欲望和幸福。启蒙思想家的理念被资本主义的冲动将自由的追求背离，而这种后果在启蒙精神的世俗选择上直接倒向了理性主义。

三、理性与怀疑——科学的启蒙

在 15 世纪基督教统治时期，对于"现代"一词的解释集中在其合法性历史的获得状态下，异教时期被中世纪教会斥之为野蛮时代，与这一时代相对的就是上帝之城建立的时代。出于对当下的合法性解释，罗马教会将自己所处的时代命名为现代，它代表了从现世作为真理的基点之上对其所谓的野蛮时代的定位，也是神学确立其"科学"地位的时代，并成为了大众的信仰。这种基于反对野蛮时代的文明秩序在 17 世纪之后就已经成为被启蒙时代所反对的野蛮秩序。理性主义和科学主义代替了传统的宗教信仰。

启蒙运动对神圣社会秩序的打破在哈贝马斯看来是现代或者资本主义通过建立世俗化表达出对未来的憧憬，现实与神圣的概念在现代性的预设之中形成对立。这就意味着从文艺复兴开始直到启蒙运动的世俗化进程，可以被认为是现代性形成的某种开端，这种世俗化不断重构着人们的思维传统。肯定的是，世俗化所带来的人们对待世界的基本方式和认知开始发生重大的变化。世俗化作为现代性的一个重要组成部分意味着与上帝相对立的现实是可以被测量的，这就将现实社会的认知归结到一个实证主义的问题上，在可测量和计算的前提下，科学才真正拥有了自由。当然"现代性的问题，实际上还有怀疑主义的问题，始终是借助于某个标准来证明自己合理的问题，这个标准既不能从已被排斥的东西中得出，也不能从它自己的自我合法化中得出"①。所以在笛卡尔看来，这里确定的标准就不能诉诸于外在事物，从而确立了"我思故我在"的唯一合法性。当当代社会彻底的将上帝从二元论中驱逐出去，理性主义与之衍生的科学主义就成为世俗社会的唯一标准。启蒙从历史发端上一方面要求呈现现实与过去的根本决裂，另一方面则是强调这种与自身反面的辩证运动的过程中是如何通过排斥旧的理解方式以确立理性主义的地位的。

理性仅仅是与浪漫主义、乌托邦主义的能够与精神的或者现实的并立的人的自由意志的成分，而社会契约本身的建立方式却不得不使理性主义走向前台甚至成为霸主。当人们提到启蒙，就往往会认为是人的理性代替了宗教统治，事实上从世俗社会的发展历程中也确实如此。

理性在早期的启蒙思想家那里还是一个简单地对人类自身理解社会的

---

① 杰拉德·德兰蒂. 现代性与后现代性 [M] 李瑞华，译. 北京：商务印书馆，2012：14.

把握方式的一种判断。作为和中世纪神学相对的方法论，相信自我的逻辑，用经验的或者是科学主义的方式得出的前提或者判断进行思考，从而排斥那些迷信的、猜测的以及不可证明的东西，这与今天所说的理性是有所不同的。首先，启蒙理性并没有否认上帝，而是否认中世纪教会对上帝的神秘化解读。所以从笛卡尔、斯宾诺莎到康德、黑格尔始终在通过科学理性推导或证明上帝的存在，以至于他们或多或少的都存在有自然神论或者泛神论的倾向。其次，早期的启蒙思想家关注的并不是科学或实证基础上的理性判断。而更多是一种建立在纯粹概念上的理性判断，这种方式要求的是理论逻辑的自洽性，所给予的定律也都是抽象的概念公理。所以中世纪之后的理性主义者在构造各自不同的体系上呈现了显著的差异。第三，传统启蒙理性更多倡导的是原则的合理性，即本体论意义上的存在理性。早期的启蒙宇宙观就呈现这样的特征。他们认为理性是可以架构起一套真理性的解释方式的，而不是实际对这种方式的具体操作；他们并不执着于方法论上的合理性证明，当然可能黑格尔除外。

康德为理性能力的地位做出了重要的贡献。他将理性作为一种自我独立而不是与宗教信仰连接在一起的特性，进一步的将其与信仰区分开来。康德将理性能力作为一种自证的东西，那么就可以充当现实领域的立法角色。在此基础上，上帝被作为先验领域的、无需证明但不涉及经验世界的对象而建构起来。经验的领域就纯粹依赖于人的自我怀疑。

理性主义在启蒙思想中的诞生是与怀疑主义不可区分的，甚至我们可以将理性主义的不断发展看做是对与之相适应的怀疑论的不断回应。往往黑格尔以前的启蒙哲学家在倡导理性的同时都带有着怀疑论的内容，这是一体两面的。因为启蒙理性批判的目标是以绝对化、神秘化为代表特征的宗教神学，那么怀疑本身的目的不是质疑理性，而是质疑理性所要批判的对象。从这个意义上，怀疑主义为理性主义铺好道路。诚然，这些哲学家在理性主义的表述上还是保持着谨慎的，以避免对理性的地位过于绝对化。这也就是为何早期的启蒙学者对具体的理性方法不过多阐述，其时人类的理性能力必须匹配相对应的怀疑。

怀疑论是理性主义发展史的一个重要阶段，或者说自从理性主义与科学主义走到了一起，使怀疑主义纳入为科学主义方法论的一个必要环节之后，理性主义就失去了自己的反面，并且逐渐在启蒙中确立自己的神圣化地位。自牛顿以来的近代物理学的兴起，直至 19 世纪初科学学科的井喷，科学知识和科学方法就成为人类自由思想的代表。所谓的先验世界在科学进步和人类的自信面前变得微不足道，上帝在世俗中彻底失去了自己的地位，世界则按照人类认识的科学理性结构运作。

所以，如果我们在考察理性主义的历史时，认为理性主义是启蒙文化的主流以至于工业革命和科学革命之后变成了全部显然有失偏颇。之所以抱有这样的想法很大程度上是因为理性主义与现代性在确立关系时的独特地位。事实上理性主义在启蒙思想家那里也仍然是一种对古希腊哲学甚至更早时期思想的回归，这点我们可以从亚里士多德、伊壁鸠鲁等先哲们的思想中探寻到。这种具有古老历史的对象从一种思维方式逐渐变为一种信仰，被用来构建现代社会的意识形态基石，其中科学主义与理性主义的关系是首要的考察对象。

人们容易将科学主义作为理性主义的等价物来看待，一致认为科学本身就是理性的必然结果。理性主义的本意是启蒙人们独立自由地思考世界和自我，而后的自然科学和社会科学一定程度上是这种思考方式的进化，但更多意义上则是受到了宗教改革以来世俗精神的冲动力影响的副产品。简而言之，对财富追求的欲望带动了资本主义精神的兴起，这种韦伯式的思路有效阐明了科学兴起的第一推动力实际上是对财富的渴求。这种动力随着资本主义的兴起转而在基础学科的领域保有着极高的热情。对于数学和物理学的研究奠定了近代科学和近代工业的基础，以此也就形成了人类绵延至今的理性思维结构。这个革命不亚于理性从宗教戒律中解放出来。

政治学作为近代社会科学的开端还带有着相当的浪漫主义色彩，这一定程度上也反映了启蒙运动早期的人性结构：个体解放为了彰显人的主体维度和现实力量，往往带有着夸张的浪漫主义内容，而对于情感的重视继承了文艺复兴以来的文学与艺术传统，也进一步的彰显在对美和崇高的赞美上。而与文艺复兴有所不同的是，启蒙带来的现实政治需要不可避免地强调了社群主义。社会科学也就在对社会和财富的重视中发展起来，社会学、政治学与经济学纷纷发展起来，并且都以理性的科学思维作为研究方法的基本前提。这种效仿自然科学的研究手段从侧面证明了科学主义和理性主义早已经密不可分。客观主义倾向在整个社会经历研究中占据了绝对统治地位，他们将科学化、或者说数学化作为检验学科科学与否的标准，传统形而上学在黑格尔之后被当做是旧的时代精神加以抛弃，对于经验、因果关系以及数字的追求都到了极致，成为对确定性新的追求。启蒙的一面战胜了另一面。实证主义社会学的开拓者孔德说过：

因此，实证精神的第一次系统建立不会遭遇那次难忘的危机，其时，在两种精神的奇妙推动下，全西欧的整个本体论模式开始衰落：一是来自于开普勒和伽利略的科学推动，而是归功于培根和笛卡尔的哲学推动。①

他充分阐明了科学实证主义与自然科学的相关，同时可以进一步地认为从历史角度上讲，理性主义占据启蒙精神的全部，同科学主义占据理性主义的全部一样，都是启蒙本身的重要后果。

---

① 孔德.转引自谢立中编.西方社会学经典读本（上）[M].北京：北京大学出版社，2008：49.

四、启蒙的二重性——基于马克思主义的批判

马克思恩格斯所处的年代，正是启蒙精神被理性主义和科学主义所占据、随着资本主义发展开始重构人类思维理解能力的时代。资本主义本身包含甚广，可以说是继承了启蒙运动的所有方面的后果，而通过利用意识形态代替启蒙精神维持社会的秩序和进步，进一步促进人的思想与政治自由的上层建筑和科学的发展。在以上的意义上，马克思主义对现代性的态度是从赞美直接开始的，现代性随着资本主义的完善而自我建构，在资本主义发展早期呈现为进步与革命的因素，这在许多经典的论述中都得以体现。"它第一个证明了人的活动能取得什么样的成就"[①]，表达出了对理性和科学的解放的赞赏；"一切等级和固定的东西都烟消云散了，一切神圣的东西都被亵渎了"[②]，阐明的是民主自由对封建主义与神权的胜利；"过去哪一个世纪料想到在社会劳动里蕴藏有这样的生产力呢"[③] 则更为直接地表达了资本主义生产关系确立的生产力盛况。资本主义开创了自由竞争及其相对应的社会上层建筑被看做是最为现实存在的现代性，资本主义现代社会即现代性的活力通过自由经济的基础使其创造的社会结构看起来能够包容一切社会形态的变化。从另一方面说，资本主义彻底将启蒙运动以来漂浮于精神世界的概念与追求，甚至将基于理想人性的政治设计彻底拉回到现实，拉进到启蒙最为直接和真实的后果之中。在这里，启蒙的内在逻辑，即本书将在后面论述的启蒙自反性也从概念的反面走向了现实的反面，构成了马克思主义批判的基础。

马克思对于启蒙的态度实际上是相当复杂的，这与马克思主义的现代性批判有着直接的关联。马克思不仅在启蒙思想家的基础上进一步清算中

---

① 马克思恩格斯文集第二卷 [M]．北京：人民出版社，2009：34.
② 马克思恩格斯文集第二卷 [M]．北京：人民出版社，2009：35-36.
③ 马克思恩格斯文集第二卷 [M]．北京：人民出版社，2009：36.

世纪宗教禁锢所带来的后果，也更加敏锐地观察到了启蒙为了反对宗教神学从而树立自我地位的两面性。这种现代性判断就是基于一种历史的辩证法的基础。

作为启蒙最重要的后果之一，世俗化带来的资本主义通过现代制度形式将获得了自由的人构建为现实的资本的附庸，马克思由此展开了他的理性批判、政治批判、技术批判和社会批判。马克思对现代性的批判集中于工业社会从原本的人统治物转化成为的物统治人的商品拜物教，异化由此成为了马克思描述现代性的核心概念之一。商品通过社会化大生产变成的拜物教使得人本身的完整主体性发生了变化，工业生产同时生产出了商品的社会控制力使得其压抑人的主体能动性。在这种社会现实之下的人的社会上层建筑的创造成为了这种扭曲的生产关系的产物，这就意味着现代性的文化并不是自发形成而超越社会生产现实的产物，而是在一种设定性的生产关系中被生产出来的，这种设定形成了某种意义上的社会结构的固化。在此基础上，由于马克思主义认为的现实世界人的超越性和创造性被扭曲化了的生产关系所掩盖，使其理论本身同样存在人本性的面对未来的维度，而不仅仅只有关于资本主义社会结构之下的人的未来。技术异化使得人类思维的理性结构被绑定。在马尔库塞看来就是形成了"单向度的人"。

从这一解释方式中可以看出，马克思主义对于现代性危机和赞美的辩证关系是基于资本主义的生产基础而非概念运动的，马克思真正将启蒙思想家以来对于启蒙的抽象理解头脚颠倒成为立足于现实社会的生产力与生产关系基础上的启蒙后果，这就使他最终没有像黑格尔哲学那样将这些辩证化了的危机和成就统统引入到哲学的意识终点之中，而是将这种现实社会的危机置于自身的理论结构和理论实践之中。

首先，启蒙理性向科学主义的转化奠定了马克思理性批判的基础。启蒙运动时期的思想解放不仅仅只有理性主义这一个维度，而科学主义占据理性主义的解释方式更是将这种支配推向了极致。科学本身并没有价值属性，而科学主义在马克思看来则是一种代替宗教进行束缚和压制的形式。科学主义的理性主义过分强调理性范式的重要地位，从而通过实验科学和实证数字构建起一种对世界虚假的解释。这种试图彻底摆脱形而上学的手段使得科学本身失去了批判精神和现实的实践基础，凭空创造了一个不可置疑的权威话语系统。在马克思看来，对理性作用的过分强调构成了人类认识方式理性建构的虚假性，从而脱离感性和现实实践成为一种新的抽象原则，这实际上是另一种形式的片面崇拜的形而上学。正如海德格尔所说"唯当我们已经体会到，千百年来被人们颂扬不觉的理性乃是最为冥顽的敌人，这时候，思想才能启程"①。意味着自从进入 19 世纪以来，资本主义发展与工业革命的进程对人类科学理性的过分推崇，正是启蒙运动在消灭上帝之后重新又创造了一个上帝的直接后果，理性和科学不再是人们用以思考自身和世界的工具性方式，而是成为支配现代人思维和意识结构的抽象系统，正如韦伯所说的"科学对生活的征服"。对此马克思批判到："感性必须是一切科学的基础。科学只有从感性意识和感性需要这两种形式的感性出发，因而，科学只有从自然界出发，才是现实的科学。"②

其次，天赋自由向资本主义统治的转化奠定了马克思政治批判的基础。资本主义政治体制的形成是资本主义现代性的一个重要组成部分。启蒙运动时期实际上已经存在有资本主义政治的要素，而资本主义建立其政治体制的基本原则也都是启蒙运动时期所确立的。法国和美国就是典型的启蒙思想建立的国家，倡导天赋人权，人人生而自由的观念，帮助人们从君权和教权统治下解放出来。资本主义将这种启蒙自由作为一种政治体制加以发展，建立了完善的民主政治系统，但这本质上并非为了保障每个人

① 海德格尔选集（下）[M] 孙周兴，译. 上海：上海三联书店，1996：819.
② 马克思恩格斯文集第一卷 [M]. 北京：人民出版社，2009：71.

的思想和现实自由能力的充分释放，而是为了保证资本主义生产关系更够在一种相对民主的体制下有效地再生产。这样，启蒙自由的抽象呼吁被资本主义政治重构为一种民主体制，其中的自由被严格设限，并且随着雇佣劳动带来的经济地位的不平等使其成为空谈。在对于剩余价值为核心的资本主义生产关系的深刻解读下，马克思恩格斯的政治批判着眼于揭示资本主义虚假的民主自由政治体制，他们从工业革命以来工人阶级日益加深的受到的剥削状况的现实来批判资本主义民主的虚假性。马克思主义并没有被资本主义政治体制的虚假民主所迷惑，而是关注经济地位对无产阶级现实自由、而非抽象自由的限制。

第三，技术异化理论奠定了马克思主义技术批判的基础。科学技术对于社会的统治的地位从理性主义和科学主义的意识形态统治逐渐渗透到了社会生活的方方面面。技术对于生活世界的占有在某种意义上遮蔽了人的本质的实现。技术逐渐成为了社会标准、社会规范的制定者，并且统治了人的互动模式，以及使得社会运行的各要素对之产生了深刻的依赖。由此形成的技术崇拜论和技术决定论成为了风行的意识形态。在资本主义生产方式中，对于技术的片面依赖使得人主体性的发挥逐渐丧失，创造力逐渐减弱，新产生的大众文化绝大多数都是以新技术作为媒介，人对于技术产生了空前的依赖。这种异化不仅仅存在于生产领域，也充斥于生活空间。马克思恩格斯虽然没有过多阐述过技术异化的观点，但是在称赞科学技术巨大力量的同时，他们也深刻预见到了技术发展对传统生产生活方式的冲击，"今天英国发明的新机器，一年之内就会夺去中国千百万工人的饭碗"[1]，不仅如此，技术所推动的全球联合使得一切影响都是全球性的了。有了这些理论基础，可以判断技术异化是一个更加深刻的、全球性的异化形式，是科学主义逻辑神圣化的重要表现。

---

[1] 马克思恩格斯文集第一卷 [M] . 北京：人民出版社，2009：680.

第四，活劳动向劳动力的转化奠定了马克思主义社会批判的基础。剩余价值理论是马克思主义的伟大贡献之一，它深刻地揭示出了资本主义生产关系是如何榨取劳动力的，也就是马克思主义建构社会关系学说的基础。活劳动意味着工人本身的一种抽象的自由状态，而向劳动力的转化则是被纳入到资本主义不平等的雇佣关系之中，这个生产关系的建立是资本主义社会关系的起点。一方面，资本主义雇佣劳动重构了人和人之间的社会关系，这种关系从以前的复杂产业的从属关系转变成为了以资产阶级与无产阶级关系为核心的阶级关系，进一步则建立了为了维持这种关系不断再生产的社会结构。另一方面，资本主义雇佣关系的建立将财富作为衡量社会关系的根本标准，进而改变了人的交往模式和生存模式，社会形成了空前的两极分化。这种情况体现在时间，空间等多重场域，构成马克思主义理论社会批判的丰富性和理论张力。

第二章　启蒙理性的构造传统

"单是自主不足以描绘启蒙运动用来构想人类行为之典范的方式。当然，最好有人类的意志而不是由一种来自别处的规则指引，但去往哪里？不是所有的意志和所有的行动是等值的。然而，人们不再能仰仗上天去决定哪些是好哪些是坏，必须遵循地上的事实。从遥远的终极性——上帝——人们应该过渡到一个更为切近的终极性上。后者就是启蒙思想所宣称的人性本身。一切用于扩大人类福祉的东西都是好的"。①

一、笛卡尔：对知识的怀疑与理性的形成

笛卡尔的哲学通常是以二元论的模式呈现在我们面前的，为此他往往被简单地当做一种唯心主义二元论的典型加以批判。实际上，作为重要的

---

① 茨维坦·托多罗夫．启蒙的精神［M］马丽红，译．上海：华东师范大学出版社，2012：107.

启蒙思想家，笛卡尔将世俗和上帝做出的二元分离是具有相当积极意义的，他实现了启蒙思想所追求的一个重要目标：将神圣化的宗教理解方式从人类理解中驱逐出去，取而代之的则是对人的重新定义，一个自由完整有能力思考的人。在这个基础上，我思故我在，成为笛卡尔哲学启蒙最响亮的口号：

> 最后我不得不承认，凡是我从前信以为真的东西，没有一件我不能加几分怀疑；我的怀疑并不是由于漫不经心或轻率，而是有很强的、考虑成熟的理由的：所以我今后如果想在科学上发现某种却是可靠的东西，就应当小心翼翼地避免相信那些东西，同避免相信显然虚妄的东西一样小心。①

正如这段话所说的那样，笛卡尔首先从对世界的怀疑开始他的启蒙建构。神学的权威性在启蒙思想家那里成为被质疑的对象，以往牢不可破的先验信条同样成为被怀疑的对象。当然，笛卡尔仍然认为上帝是真理判断的对象，但是这种真理需要进一步的认识才能得到。这种认识模式是与怀疑主义能够共存的，在于理性的批判性本身才是证明上帝的标准。换句话说，上帝之存在无论能否证明，关于上帝一切的判断和信条都需要被怀疑。在笛卡尔的怀疑论中，理性占据着重要的地位。理性作为怀疑能力的基本方法论而存在，是为了革除那些在人们传统认识中模糊不清而又不明所以的判断。这些判断有些是不可自证的先验信仰，有些则是非理性的教条，这些混杂在一起的观念需要被理性所澄清，这就是笛卡尔启蒙的第一步。

---

① 笛卡尔. 转引自西方哲学原著选读（上）［M］北京大学哲学系外国哲学教研室编译. 北京：商务印书馆，1981：368.

那么，宗教改革带来的世俗和上帝之城的二元分化导致了认识论的一次重要的断裂，先验的上帝和经验的世俗被建构成两种解释方式。世俗社会的形成，导致确定性逻辑和知识需要重新构造，"我思"成为唯一确定的来源，需要严格的知识建立确定性，由此出现新的几何学和物理学，需要把握世界的类似于数学的可靠手段，就是近代科学的来源，导致理性启蒙的诉求，形成人和世界关系新的心智结构，进而形成对真实世界的包容（黑格尔用思想的自我发展对全世界历史和现实的包裹），从而实现自身，回答了"我是谁"的问题。

所以，在回答这些基本问题的背景中，对于以往不可置疑的常识和教条的批判就成为"我思"最重要的任务。启蒙思想的根本着眼点是人，而人之所以成为人，思考而不盲从是摆脱支配达成自由的精神条件。在笛卡尔看来，重构真理的唯一路径就是在于澄清"人是谁""我是谁"的问题，在这个问题的解释中也可以看出笛卡尔二元论的基本结构。首先，笛卡尔认为一切不确定的知识都值得被怀疑，那么有关于宗教的一切信条也是如此，糅杂着许多难以证明的认识的社会思维从而本质上都是不确定的，从而人的生存并没有一个确定的基础。第二，想要认识确定的真理必须拥有正确的方法。显然，宗教的解释并不是一个正确的方法，也并不带来一种正确的结论，笛卡尔曾经做出形象的比喻"既然在动手重建住所之前，仅仅把旧房屋拆倒，请好建筑师，或者亲自来从事建筑设计……仍然是不够的"[1]，所以，"受理性驱使对我的那些意见保持怀疑态度"[2] 以及"相信除了我们的思想之外，没有一件东西完全在我的能力范围之内"[3] 构成了

---

[1] 笛卡尔. 转引自西方哲学原著选读（上）[M] 北京大学哲学系外国哲学教研室编译. 北京：商务印书馆，1981：364—365.

[2] 笛卡尔. 转引自西方哲学原著选读（上）[M] 北京大学哲学系外国哲学教研室编译. 北京：商务印书馆，1981：365.

[3] 笛卡尔. 转引自西方哲学原著选读（上）[M] 北京大学哲学系外国哲学教研室编译. 北京：商务印书馆，1981：365.

笛卡尔方法的基石，即怀疑论。经院哲学，传统科学和日常判断都在怀疑的范围之内，而对一切构成怀疑，所用以怀疑的理性恰恰就成为了重要的工具。第三，上帝在笛卡尔哲学说仍然是毋庸置疑的，而笛卡尔的贡献则是在于将上帝与经院神学区分开来，将传统亚里士多德主义直到经院神学的那种身心合二为一的传统区分开来。不可否认这种观点的消极意义，但从近代以来的现实启蒙作用看，笛卡尔无疑是将人本身的精神属性即理性属性彰显，这为人成为人的启蒙效果有着重要意义。最后，笛卡尔将"我"作为怀疑的主体，"我思"意味着主体是我的思想精神，方法是理性的怀疑，"在"意味着人作为人独立存在的地位，所以说这句话代表了笛卡尔启蒙精神的巨大贡献。

与亚里士多德相似的是，两者的哲学同样存在有一个首要的原则。而有所不同的是，亚里士多德将第一推动力，即纯形式作为原则的客观主义倾向。和将"我思故我在"构成的主体主义倾向恰恰相反。笛卡尔试图通过怀疑得到确定的知识，那么个体理性精神就和精神形成了天然的纽带。在这里，知识之间是并不存在真理性的相互依赖的，每种知识的真理性最终也仅仅依赖于理性，人的理性是真理的唯一出发点。这种唯心主义的判断在当时有着巨大的启蒙意义。

所以在某种意义上来说，笛卡尔的二元论是他对于神学、科学与精神相互贯通融合的尝试，即使这种尝试是不彻底的，但这种贯穿其中的怀疑主义立场以及对真理的严格界定使得这三者每一个方面都受到了严格的限制。为人的理性成为真理的唯一标准奠定了前提。

诚然，笛卡尔哲学在如今看来是具备严重主体主义倾向的，这种可以作为是对中世纪经院神学批判的一次再次回归：当批判的武器全部归结为批判的个体时，批判的个体往往会自反为批判方法自然指向的对象。这在笛卡尔哲学中就体现在"我"的态度上，从中我们可以观察到笛卡尔哲学是怎样从一种启蒙的武器而向具有被批判潜力转化的。

首先，"我思"作为批判的武器表现为认识主体的人化，而精神对于人定义的唯一性导致人的抽象化，对于人从精神走向现实的方法是不彻底的。"我思"的定位是笛卡尔主体主义的开端，形成了直接的对外界的经验认识。它确定了人成为他自己的本质属性，即思想，而思想的主体即是进行思想的人，是一种思想性、精神性的主体。所以，在笛卡尔那里，人是具备有独立思想精神的，而不是仅仅听命于宗教解释的，而人的思想精神是认识的唯一来源。换句话说，只有人在进行对外界的经验性认识的时候，人才真正成为他自己。在此基础上，人和人之间就实现了平等，所有人都在平等的利用理性能动思考以定义自身。值得关注的是，这种定义并非是对象化的定义，不是马克思主义那种人需要在自身所处的外部关系中定义自身的方式。笛卡尔的人的自我定义不仅仅在于人对于外界进行理性思考的过程，更重要的则是通过对外在的思考确定"我在"的过程。那么理性思考的一切经验得到真理都是抽象化的真理认识，在笛卡尔看来是以数学为代表的抽象形式。这种抽象性的对象性认识不是最终的目的，最终的目的是通过理性完成对自我的确证。从这个意义上来说，"我思"带来的对象性意识的目的是自我意识的实现。在这个意义上，康德认为笛卡尔的"我思"是一种自我反省而不是对外界的确证，通过认识外界来认识到自我的批评就是合理的。对于启蒙而言，对于自我的确证仅仅是一个方式，而不是最终的目的。笛卡尔通过理性向外进行经验确证得到的结果却指向自身，仍然没有将经验的对象作为理性的目的，这条路走的是不完全的。

其次，"我思"的对象的主观化，构成经验自我的起点，被赋予了个人理性的私人性，而共同理性的根本来源仍然只能被归结为上帝。笛卡尔哲学中上帝始终具有权威性。在反对经院神学的基础上，笛卡尔在某种意义上重构了上帝和人的关系，这种关系就体现为他的二元论结构。

一方面，理性能力是人固有的天赋能力，运用理性反思自我是人自我实现的必要环节，这是从个人意义上来说的，也就是理性对象的主观化。在此基础上，笛卡儿的心灵概念在他看来等同于思维概念，构成了个人灵魂的统一性。这种统一是个人认识的客观对象统一的，但这种客观对象在人的理性过程中的地位是主观的，目的是实现自我确证。正如上面一点所说，自我确证使得人迈进了世俗化的一步又退回到了自我的概念之中，其中运动的始终是个人，而不是作为类的人。在笛卡尔对于人的意识分析的层次来看，人的感觉、理性和判断本身都是属于个人的，进而，人的心灵或者说灵魂的理性能力和反思能力以及其与理性对象的经验世界的关联和判断都是私人性的。这一点同样与康德到马克思的传统不同。康德将人的自我意识作为先验形式，从而将自我意识摆脱了个体私人性而成为在个体之上的纯粹形式，这样使思维的结果具有了公共性。而马克思直截了当地宣称人的本质是社会关系的总和，以一种外在的、物质的、现实的形式达成了每个个体意识的统一。笛卡尔也在试图解决这个问题，即理性的私人性和真理确证公共性之间的关系。

另一方面，为了解决前面的问题，笛卡尔的上帝观念类似于康德的先验图示和马克思的社会关系的作用。他认为理性实体的私人性导致人的自我确证的真理相对性的后果，这是显而易见的。如果理性是私人的，那么理性完全依赖与个人的判断和经验，这就是过分的主体主义造成的又一个后果。这种私人理性的相对性和理性真理的绝对性的矛盾在个体层面已经无法得到解决，于是，笛卡尔认为理性真理的绝对性只可能是因为理性方式的绝对性，即无论何人在应用理性进行经验判断的时候，所应用的原则和方法总是具有一个绝对标准的，即所有人先天拥有同样的理性标准。所以笛卡尔认为，每一个个体理性的背后一定存在一个最高的绝对理性，就是上帝。与个体的有限理性相对，上帝的无限理性给予人类一种理性的天赋观念，在这个意义上上帝处于了先验角色，而非经验所感知的。虽然笛卡尔的二元论仍然将上帝作为最终的绝对存在，但显然在世俗生活和人的理性认识中上帝已经失去了位置，而自我意识由此也获得了"相对的绝对性"。在上帝绝对的理性前提下，个体理性的认识对真理性的把握不仅具有了现实的可能，也具备了必然性。所以与其说笛卡尔是不彻底的二元论者，不如说他是在启蒙时代认识能力局限下为自身逻辑寻求一种自洽性。

第三，理性的抽象性和理性认识的具体内容是在笛卡尔认识论中呈现的"二元论"，呈现为感性与理性的断裂，是与理性的世俗化倾向相悖的。笛卡尔哲学中的理性与我们所理解的马克思主义认识论中的理性还有所同。笛卡尔认为理性的意义最终落脚于对自我的认识，而不是在物质实践中找到现实性的，所以这种理性呈现抽象的特征，仅仅作为理性本身而存在，而不作为具体的理性方法而存在。相反，笛卡尔认为人的理性对真理的人是构架起了桥梁，类似于亚里士多德的"形式"概念，理性通过产生某种形式的感知或经验进一步的认识到真理，这个过程意味着理性具有客体性。即使笛卡尔哲学中的对象性是为了认识主体的自我确证服务的，但是这个桥梁的搭建必然要通过经验的方式取得。这就产生了理性运动抽象性与认识真理的经验性之间的矛盾。对此黑格尔评论道"他还只是把思维理解为抽象的理智，因此确定的观念、内容并不是他从理智中推导出来的，而是以经验的方式取得的"①，批评了笛卡尔在思维取得真理和复归自身上的不一致性。在这个基础上，理性就与认识论发生断裂，在笛卡尔那里失去了进一步通向感性和经验世界的可能。

第四，从"我思故我在"的整体来看，对人的本质的抽象判断带来的是启蒙思想对人性抽象思考的传统，而忽视的现实的批判。对于笛卡儿来说，理性、经验与上帝相关联，并且形成了一个可以自证的概念循环。与马克思将人的认识最终归结于社会现实的实践不同，笛卡尔将理性精神和

① 黑格尔.哲学史讲演录（第四卷）[M]贺麟、王太庆，译.北京：商务印书馆，1997：66.

对自我的确证构成一个统一的抽象领域，并且将理性与整个"不在意识之中"的外部世界相脱离，从而构成了人的抽象精神存在结构。个人意识由于缺乏现实社会时间关系作为纽带始终停留在个体领域，仅仅依靠上帝存在的绝对理性来构造对于真理发现的机械统一，对此费尔巴哈认为"人的本质不只是一种思维的东西，而是人与人之间的统一"①。但在笛卡尔看来，只有心灵，即自我是毋庸置疑的，包括所有主观唯心主义在内的主体落脚点都是如此，它宣扬的人的地位，促进了个体的启蒙，最终必然会将人的本质归结于某种抽象精神。因为忽视了作为类存在的人的社会本质，最终在启蒙进一步发展的前提下，不仅成为个人主义发展的理论推动力，更是从精神角度回避了现实社会不平等的观察与批判，使得启蒙沦为了日益严重的阶级矛盾的看客。

总体说来，笛卡尔对于启蒙的贡献是巨大的。"我思故我在"作为启蒙批判的宝贵资源，即使在一段时期被做了大量负面的解读，但在现代性日益蔓延的 20 世纪，成为了现象学、存在主义甚至后现代主义重新强调了个体解放的理论起点。同样是面对着极权压迫，封建神学与资本主义需要进一步启蒙的方式也不尽相同，但笛卡尔的思想在形而上学上给当代哲学的再启蒙以新的启发，同时对晚近现代性背景下人的生存境遇的批判仍有着强烈的现实关照。

二、康德：先验理性图式的构造

康德对待人类理解能力和外部世界的关于无疑比笛卡尔更进一步，他的认识论从基础上讲是先验主义的，而从人与上帝的关系上讲，他仍然没

---

① 费尔巴哈. 费尔巴哈哲学著作选集（上）[M] 荣震华、王太庆、刘磊，译. 北京：生活·读书·新知三联书店，1962：591.

有摆脱对上帝存在的证明。康德作为具有跨时代意义的启蒙思想家对人的
认识能力做了全新的界定，这个过程是由确定理性能力和知识的范围开
始，从人类知识的建构模式到启蒙的基本内涵，以此论述人存在的意义和
现实的政治观念为终点建构自己的启蒙诠释的。

一方面，康德认为知识和真理是理性建构而成的，是一种为我化的认
识结果。在《纯粹理性批判》一书中，康德明确表达了经验对理性认识的
重要意义。他认为经验为理性认识设限，而一个重要的任务就是发现经验
之外理性的范围。所以"理性只洞察它自己根据自己的规划产生的东西，
它必须以自己按照不变的规律进行判断的原则走在前面"[①] 其中可以看到，
理性是规矩的发现者与解释者，这就意味着一切现象和经验经过理性的建
构才可能得到规律。这就类似于霍布斯所认为的"知识的任务就在于对观
念表象进行再创造和再制作"[②] 的主要目标。在康德看来，认识存在一种
与笛卡尔上帝地位类似的先天性，他称其为"先天综合判断"。这种形式
预设了一个结构，将感性、知性和理性有条理的安排在这样一个认识过程
中，并为认识提供抽象形式和现实的可能性。换句话说，只有这种先天思
维形式的存在，认识才得以可能，它为认识提供了先验逻辑构造。所以，
基于这种先天综合判断，认识具备了在这个逻辑基础上发挥的能动性，从
而得出真理性认识。从先天综合判断作为基础，感性通过经验去直接接触
直观对象，而后梳理其中得到的感性形式，上升为知性和理性。这个过程
中先验的形式始终发挥着作用，它不断提供一种现成的嵌套形式，认识只
有通过这种先天的形式才可能被视为有效的整体和表达方式，认识也就才
具备了真理性。也就是说，如果用黑格尔的话说，认识在某种意义上可以
被当做是先天综合判断的一种现实的外化形式，其最终指向是对于外在于

---

① 康德. 纯粹理性批判 [M] 邓晓芒，译. 北京：中国人民大学出版社，2004：14.

② 田冠浩，袁立国. 重建现代性的三次浪潮 [M]. 北京：中央编译出版社，2015：30.

的自我现实的回归，所以康德认为"理性先天认识到的，就是它自己按照概念放进去的东西"①。值得强调的是，康德认为认识之所以能通向真理，与真理为何建在一种客观对象性之上的理由一致，都是由于认识背后的先验的综合统一造就的。

另一方面，康德对于人的认识系统能力的判断仍然是有限的。康德认为知识和理性要为信仰留下空间，于是进一步的限制了人类理性与知识的作用范围，即对人类认识主体性的设限。因为康德将先天综合判断作为人的认识能力的框架，所以人的认识只可能在先天已经给定的直观形式之中才可能实现，而恰恰无论是上帝、灵魂、绝对自由这些事物并不具备先天综合判断所给予的现实性，在康德看来这是一种时空特征。没有时空特征的对象，即绝对抽象的对象是无法被认识的。由此，人的认识能力永远不能触及到这些自在存在，这种纯粹理性是被设限的。而如果理性想要探索这些自在之物，在康德看来则是一种叛逆行径，示例性自我矛盾的产物，会影响到道德理性的判断。所以"排除对理性的误用"② 要求"如果我不同时打掉思辨理性自以为无所不知的妄自尊大，我就根本不能承认上帝"③。当然，康德也给出了理由，人的认识能力面对的是经验对象，先天综合判断所建构的也是经验对象的认识框架，而任何经验对象必然具备时空特性。相反，上帝或自由这种纯粹抽象的概念并不具备时空特性，那么应用于经验对象的原则就不能僭越，这等于是扩大了纯粹理性的范围。所以，"思辨理性虽然能够设想上帝，却只能把上帝当做先验的理想，不能

---

① 康德．纯粹理性批判．转引自西方哲学原著选读（下）［M］北京大学哲学系外国哲学教研室编译．北京：商务印书馆，1981：240.

② 康德．纯粹理性批判．转引自西方哲学原著选读（下）［M］北京大学哲学系外国哲学教研室编译．北京：商务印书馆，1981：248.

③ 康德．纯粹理性批判．转引自西方哲学原著选读（下）［M］北京大学哲学系外国哲学教研室编译．北京：商务印书馆，1981：248.

加以规定"① 在康德看来，这不仅是保留形而上学的必然，更是培育科学精神的方法。

在知识的建构这一问题上，康德的理性主义是将经验作为起点的，以此作为继笛卡尔和休谟之后推动启蒙的重要力量。康德将经验直观作为认识的直接起点，也就是主体能动性的起点。他认为人类的知识都是从经验开始的，进而通过感觉、知觉和理性判断的过程不断上升，这个过程也就是主体能动性对客观认识对象先天条件不断深入把握的过程。值得注意的是，康德认为认识本身只是对先验事物的把握，是一种将客观真理展现出来的过程，而不是发明出来的过程，从认识论角度来看，康德和笛卡尔即呈现很大的差别。通过从经验到理性的认识过程，构成一个统一的基于经验和理性的认识对象，最终通过感性化的表现范畴和纯形式的知性范畴构成经验的先天原则。

因此，康德的认识图式与其知识建构的模式是密切关联的。康德之所以认为人的理性无法去认识到设计纯粹抽象或者理念性的上帝或自由，正是因为康德的知识建构模式是无法构成这样一种认识对象的，因为它们在现实中并不存在，而知识仅仅能得出感性到理性的感性和知性范畴结合的现实科学对象。康德认为，理性仅仅是它自身，除此什么也没有，正是意味着理性本身并不是可以被科学测量的，而是一种理念性的对象，因此它不具备时空特性。正如康德对认为作为理性认识的"纯粹数学，作为先天综合知识来说，它之所以是可能的，就在于它只涉及感官对象，而感官对象的经验的直观，其基础是（空间的和时间的）直观"②。相反，非直观的对象，即理性本身的终极追求是纯粹抽象的，包括自由和上帝在内，这种

---

① 康德. 纯粹理性批判. 转引自西方哲学原著选读（下）[M] 北京大学哲学系外国哲学教研室编译. 北京：商务印书馆，1981：319.

② 康德. 未来形而上学导论. 转引自西方哲学原著选读（下）[M] 北京大学哲学系外国哲学教研室编译. 北京：商务印书馆，1981：266.

向上的抽象推导的对象本身不受现实的法则制约，它们存在的自身就是为了自身，这一部分内容是认识不可能达成的。

因而，在关于知识的批判问题上，康德进一步推动了启蒙，其核心就在于他认为一个认识问题绝对不能诉诸于其它业已存在的状态、结果甚至通过某些抽象的原则来推断，也就更不能用上帝来推断。所以，在人们的日常认识中，确定自身先天综合判断的界限十分重要，只有在这个体系的范围内充分利用人的认识过程进行知识批判，"把所有这些都容纳到一个完整的体系里才行。这样，批判，而且只有批判才含有使形而上学成为科学……的方法"①。这意味着康德要求在认识上实现批判一切教条主义，并且不断获取知识的可靠性。

那么，康德对于人的认识能力的判断很大程度上是为了启蒙服务的。在 1764 年的著作《什么是启蒙》中，康德系统的阐述了关于启蒙的基本观点。他开宗明义地写道：

> 启蒙，是指人类从自我导致的不成熟状态中觉醒。这种不成熟状态是指在缺乏指导下无力运用自我理性的状态。造成它的原因并非人们缺乏理性，而是在无人指导之下缺乏决心和勇气来运用理性。因此，启蒙的口号是"勇于智慧"，即有勇气运用自己的理性。②

在书中，康德对启蒙的态度包含如下几个方面。首先，康德认为启蒙具备先赋性，是人自然具备的本能。在这个意义上，启蒙本身存在与人诞生之后，而不是需要被教会的，那么启蒙就不是需要外在灌输的，而是需

---

① 康德. 未来形而上学导论. 转引自西方哲学原著选读（下）[M] 北京大学哲学系外国哲学教研室编译. 北京：商务印书馆，1981：306.

② 康德. 对"什么是启蒙"的回答 [M] 肖树乔，译. 北京：中译出版社，2016：1.

要人重新自我发现的本能。在康德看来，不成熟状态作为一种枷锁限制了人们，使人一直处于一种不自由的状态，甚至这种状态成为人的特征，启蒙作为一种动词就可以被理解为"勇气"，即从"军官说，不要争辩，列队前进；税务官说，不要争辩，交税；神职人员说，不要争辩，相信!"①的限制摆脱出来。

其次，在康德看来，虽然"只有少数人能够通过头脑训练成功地脱离这种不成熟状态"②，但是大众对于不成熟启蒙的摆脱是不可避免的历史运动。启蒙的直接结果是激发了公民的动力，随着少数人的被唤醒，多数人也必然随之逐渐受到启蒙。在这个运动中，自由是唯一的目的，因为任何重新建立的偏见都有可能成为新的枷锁，而只有运用理性的自由是应该被限制的。在康德看来，"理性的个人运用"作为自由本身就是启蒙的过程。

第三，他在对启蒙的限制进行讨论时还提出，启蒙本身是一种天赋人权，所以说启蒙存在一种对于大多人的运用方式，即维护公共利益的某种机制的产生。理性的个人运用不可能是完全自由的，这和笛卡尔的观点是一致的，只有个人理性受到限制，公共的社会契约才有可能达成，这就构成了个人的社会权利义务关系。与传统的支配性权力不同的是，启蒙意味着"人们不愿意强加于自身的东西，更不会被统治者所强加，因为统治者取得立法权力正是靠人们集体意愿于他一身"③，从而实现了人对于启蒙的基本政治结果。

康德关于认识和知识的理念自然引向了政治哲学。对自由的追求在康德看来需要理性批判旧观念从而对知识进行重新建构，才能克服人性本身的"自然"。换句话说，运用理性建构知识的过程也就是促使人摆脱感性特殊性达到纯粹理性的过程，更是一种理性意识不断靠近并最终成为普遍

① 康德. 对"什么是启蒙"的回答 [M] 肖树乔，译. 北京：中译出版社，2016：2-3.
② 康德. 对"什么是启蒙"的回答 [M] 肖树乔，译. 北京：中译出版社，2016：2-3.
③ 康德. 对"什么是启蒙"的回答 [M] 肖树乔，译. 北京：中译出版社，2016：5.

立法原则的过程。它最终通向正是康德的理性王国的政治追求。

一方面，康德从实践理性的公设出发建构道德的基本原则，将社会政治道德置于上帝存在的基础上。在《实践理性批判》中，康德将上帝作为了道德理性的最高原则，这在某种意义上实现了启蒙道德追求的绝对性，但仍然意味着道德的基础无法下降到现实生活中。在康德看来，自由概念与上帝同样都是先验而不能被理性确证的，那么它们都是作为一个绝对的原则而存在，用于推导人们达成自由的预先认定。所以说，人的自由必然建立在抽象的纯粹理性之上，而不是现实的实践理性之上。那么，达成自由的途径正是从现实性向抽象的纯粹理性方向发展。在康德看来，自然作为人的感性需要，需要被纯粹理性克服，那么，自由的人就是运用绝对理性的人，只有这种状态才能够和上帝带来的道德相一致。

另一方面，康德将理性以自身为目的当做自由的前提，构成的法权与道德关系并没有实现人的现实的自由。在康德眼中，人类的政治生活正是建立在个体私有制基础上的共和政治，那么这就意味着如同韦伯说的资本主义精神中对财富的进一步追求仍然是康德强调的现实自由的主体。在此基础上，康德认为"法权建构的基础则是现实的感性欲求"①，这就产生了康德政治哲学中的根本矛盾：对于现实政治中对感性欲求的强调和其道德和法建构的纯粹理性基础的矛盾。这个矛盾归根究底来说还是由于康德没有把道德和政治的形式放置于现实的社会存在中，而仍然是归为上帝的纯粹抽象的演绎，这种矛盾就是不可避免的。

同笛卡尔相似的是，康德同样也是将个人的自由和现世生活向世俗中迈了一步又退了回去，而原因同样都是其哲学中保留的上帝的纯粹抽象的限制，使得人的现实目标抽象化。启蒙的精神不仅在于人重新审视自己的理性并试图达到自由，更是从抽象世界向世俗世界的过程，只有如此，启

---

① 田冠浩，袁立国．重建现代性的三次浪潮［M］．北京：中央编译出版社，2015：37．

蒙的主体才真正具有历史性和实践性。在这个方面，黑格尔则比康德更加前进了一步。

三、黑格尔：理性与历史

黑格尔作为古典哲学的集大成者，很大程度上代表了启蒙在 19 世纪初期的主要境遇。神学的进一步退后、市民社会的兴起以及对于现实国家政治的追求共同构成了世界观启蒙的主题。事实上，黑格尔仍然是依照对基督教的认识论批判、人的理性及其功能直到理想的现实政治模式这样的逻辑的来建构其启蒙理论的。

黑格尔的宗教观点是从对古希腊哲学的再反思开始的。当古希腊伦理学强调发现自己之时，对个体经验和认识范畴进行讨论的重要性就凸现出来。在康德看来这种范畴是经验对于为我世界的把握，而不涉及先验世界。黑格尔与康德不同的正是没有机械的将这种二元划分固定。在黑格尔的辩证法中，一切都被赋予了强烈的运动性和历史性，其中人的认识能力的范畴同样也是在辩证运动中发展着的，这不仅仅和人类历史的展开程度相关联，也和人对于自身的认识程度相关联。随着人及其世界把握能力的发展，这个认识的范畴也随之历史性地发展着。

所以，相比康德来说，黑格尔认识理论更加开放的状态是符合工业革命以来的历史背景的，即使他与康德一样仍然在一定程度上固守着人的认识存在限制，但是黑格尔从来没有将人的自由限制在某个固定的范畴模式之中去。这点在他对于基督教的态度中可见一斑。黑格尔认为，"哲学必须从基督教出发得到复兴"①，基督教教义在他看来是拥有和古希腊哲学反

---

① 黑格尔 . 哲学史讲演录（第三卷） ［M］贺麟、王太庆，译北京：商务印书馆，1959：284.

思内容的一致性从而获得了新的理论出发点。

首先，黑格尔的真理无预设理论解构了上帝存在的绝对性。这并不是意味着黑格尔否认上帝的存在，而是将上帝的存在置于一种相对原则，即人类认识发展的运动中去。黑格尔认为，真理本身不能带有任何预设，包括上帝在内，都只能是真理的内容而不能作为真理的前提而存在，所以，"哲学不似别的科学可以假定表象所直接接受的为其对象，或者可以假定在认识的开端和进程里有一种现成的认识方法"①。真理不应当将任何东西作为自己先验的要求，这点无疑比康德和笛卡尔更近了一步。在黑格尔看来，这种前提的确是一定程度上会被历史的逻辑所代替，在某种意义上讲，黑格尔将从上帝那里解放出来的自由重新禁锢在一个历史的逻辑之中，"宗教不再是一种纯道德性或爱的完美理想状态，它必须把客观性包括在自身之中"②。但无论如何，黑格尔相信，一个没有任何前提的范畴才是绝对自由的。

其次，黑格尔将上帝融入到人的社会性存在当中，从而摆脱了宗教神学的神秘主义倾向。在对比中世纪神学和哲学的时候，黑格尔进一步的改造了关于上帝的内在理解，将上帝作为一种伦理精神，并且将上帝置于等同于人类社会历史行动自然逻辑的方向。这样，神就具备了社会现实性，而且将人的精神生活追求归于社会伦理认识的追求，这种伦理认识的终点就是上帝。这样，上帝作为无限的绝对形式被改造为一种现实的历史性形式，从而打破了中世纪神学对于上帝解释的绝对垄断地位。事实上，在黑格尔看来那些解释也只是宗教真理认识的一个环节，而"现代哲学必须扭转这一状况，以解放宗教的真理作为自己的使命"③，在这个前提下，黑格

① 黑格尔. 哲学全书导言. 转引自. 西方哲学原著选读（下）[M] 北京大学哲学系外国哲学教研室编译. 北京：商务印书馆，1981：373.

② 张慎主编. 西方哲学史（第六卷）[M]. 江苏：凤凰出版社，2005：445.

③ 田冠浩，袁立国. 重建现代性的三次浪潮 [M]. 北京：中央编译出版社，2015：112.

尔虽然反对与宗教完全对立的启蒙运动，但事实上就他将宗教作为人的世俗化相等同的伦理追求时，实际上是与启蒙运动先哲们一致的。

第三，理性对宗教的改造使得启蒙社会性追求的达成。黑格尔一方面将对上帝的追求作为一种伦理追求，另一方面将神学中的绝对性因素扬弃，使得对上帝的认识被纳入到人类理解世界历史的精神运动过程之中。逻辑学规定了人的自我规定的辩证过程，也是一个逐渐接近"理念"的绝对性迈进的过程。在其中，意识是自然理性，即自然哲学发展的必然结果，这时候绝对精神转变成了其外化物即人的自我规定的运动。在此基础上，精神的辩证运动仍未停止，人的理性外化并不是一蹴而就的，而是逐渐随着历史的发展而展开的。一方面，这个自我规定展开的过程意味着宗教追求不可能以暂时性的绝对面貌出现，认识内容也逐渐从抽象向现实性转化。另一方面，基督教对于社团伦理的追求也自然导向了宗教诠释的社会化和世俗化。所以在黑格尔看来，科学知识和自然认识都可以作为对上帝追求的一个环节，是为了一个完善的现实历史结果的必然性所追求的必然过程，这个过程也恰恰是对基督教终极目标的追求。所以，这种思想带来了世俗追求的现实性和理性认识的合理性。这个逻辑下的人就不再是原子的、单个的人，而是处于一定社会历史关系中的人。

黑格尔将意识作为自然的重要产物，并且将自然向意识产生的过程作为合乎理性的过程。在这里，绝对精神的自我规定性要求从自然的扬弃中衍生出意识本身，这样绝对精神的自我规定性就转化成为了人自身意识的自我规定性。这种主体的转化要求就人而言是认识辩证过程的重新开始，"隐藏在无穷多外在形态之下的真正概念形态最终将会向理性展现出来"①。理性意识自然会随着人的历史的运动走向自觉，也就是上帝、自然与自由

---

① 黑格尔. 哲学全书第二部分. 引自西方哲学原著选读（下）[M] 北京大学哲学系外国哲学教研室编译. 北京：商务印书馆，1981：438.

的统一。所以说，在黑格尔的自然哲学中，理性就已经作为代替上帝的存在而运动，并且逐渐外化为人的精神的自我实现过程。换句话说，人的精神正是人自我存在的重要意义，通过理性的自觉使自我达到自觉，并且达到了和外化自然的统一，从而实现了精神的绝对自由。

黑格尔对于人性启蒙的重大贡献不仅仅在于他将神学作为哲学运动的一部分，从而将宗教与世俗追求创建一致性，更重要的是黑格尔对于自我本质追求的方法是真正辩证法的，这意味着对处于社会关系中的人的强调，这被作为在一个在与自然历史相统一的整体性范畴中对世俗地位的重新确立。在这个意义上，人的主体意识才真正拥有了可靠的基础，而不是将其本质追溯到先验的上帝那里去。

黑格尔在《精神现象学》中指出："自我意识是自在自为的，这由于、并且也就因为它是为另一个自在自为的自我意识而存在的；这就是说，它之所以存在只能是由于被对方承认"①，在辩证法意义上奠定了自我意识独立性与依赖性的范畴。黑格尔并没有像中世纪传统神学一样，将人的本质作为独立或与外部世界分离的纯粹个体，而是立足于精神对于外部世界和他者的依赖②，这也就构成了主奴辩证法的基础。

主奴辩证法是建立在精神哲学的基础上展开自身的形式的。按照黑格尔的逻辑，主奴辩证法建立在一种对自我确定性、稳定性的本质追求的前提下，在西方传统的关于"人"的阐释历史中，精神是作为人自我规定人性的中心，即对一种纯粹自我存在的追求。在其中，肉体在基督教传统直至启蒙传统中主人是自我存在的意识，但已不再仅是自我存在的概念。精神的自我与外界的精神辩证地连接了起来。主人离不开奴隶，其本质隶属于一个独立的存在，一般的物。主人与奴隶于物的双重关系，主人对物的直接关系，就

---

① 黑格尔．精神现象学（上）［M］贺麟、王玖兴，译．北京：商务印书馆，1979：138-139.

② John. G Fox. *Marx*, *the Body*, *and Human Nature*［M］. Victoria University，2015：79.

成为对于物的纯粹否定，主人享受了物。那单独欲望所未能获得的东西，他得到了，享用中得到满足。光欲望不能获得这些，物有其独立性。主人把奴隶放在物与自己中间，主人与物的非独立性相结合，主人把对物的独立性一面让给奴隶，让奴隶对物予以加工。主人：（1）他不亲自对物进行改造；（2）他依赖一个特定存在。两种情况他都不能成为他的命运的主人，达到绝对否定性。奴隶在此扬弃了他自己的自为存在或独立性，但完成了主人自己想完成的事。奴隶在此成为了纯粹的否定力量。主人的意识在此反而不独立，主人达到的确定性并不是以自为存在的真理。奴隶的意识反而是独立的意识，奴隶迫使自己返回到自己的意识，并且转化为真实的独立性。

对于黑格尔来说，主体对于自我的确立正是从对自己身体的逃离为起点的。在这种辩证法中，客体的从属地位最初表现为主体成功地从肉体的不确定性中获得了自由。在黑格尔寻找一个独立自由的自我的过程中，论及了主体与客体、精神与肉体之间相依赖的恐惧。在马克思对黑格尔《精神现象学》的批判中，认为"自在与自为之间，意识与自我意识之间，客体与主体之间的对立"① 作为异化的主要特征。这种异化是将感性的、现实的、直观的体验与抽象理性相对立，从而使自我意识的对象变成了纯粹的、抽象的本质或精神。这样现实的人就被排除在"自我"之外，同时将现实与精神的个体相对立起来。所以马克思说，这是"抽象的思维同感性的现实或现实的感性在思想本身范围内的对立"②。这一对立反映了这样几个问题。首先，黑格尔将感性与理性分离，把人规定成仅仅是理性的存在，这与古代基督教对肉体感性的排斥是一脉相承的。其次，黑格尔更是在这一定程度上否认了个体与外部的联系与关系的多样性。虽然在黑格尔的辩证法中尤其在主奴辩证法中认可自我意识是为另一个自我意识而存

---

① 马克思.1844 年经济学哲学手稿［M］.北京：人民出版社，2009：96.
② 马克思.1844 年经济学哲学手稿［M］.北京：人民出版社，2009：96.

在，并且它存在的意义只是由于被对方承认。以靠自身之外的对象定义其自身，但这种定义方式是理性的、精神的，从而规定主体的本质，服从于绝对精神理性化的单一性。从主体内部来看，自我意识仍然是主导地位的。黑格尔把主—客体自我意识的相互依赖作为个体规定性的方式，从而否定了人可能通过能动性达成的相互依赖。从这个意义上，黑格尔实际是否认个体的主体性的，因为理性本身的联系被当做是精神运动展开的外在性环节，而不是一种个体内在性潜力。在这个基础上，黑格尔承认人的本性并非呈现孤立，分离的特征，而是由其对象所规定的前提下，将人当做了抽象的、对象化的、服从理性运动的人。第三，黑格尔将人定义成为抽象的、理性的人，从而将具体的、感性的人彻底排斥。他指出"要表明自我身为自我意识的纯粹抽象，这在于指出它自身是它的客观形式之纯粹的否定，或者在于指出它是不束缚于任何特定存在的，不束缚于一般存在的任何个别性的，并且不束缚于生命的"①。所以马克思认为"人性，就表现在它们是抽象精神的产品，因此在这个限度内，它们是精神环节即思想本质"②，来批判黑格尔将物质的感性的关系作为偶然性与否定对象的错误，同样这种形式下是难以得到真正的"人"的。

即使黑格尔仍然将辩证法停留在精神领域，但事实上在对人的本质规定问题上与马克思主义是极其相似的。对于身体的矛盾态度制约了黑格尔进一步发展其历史理论，从而过分地推崇理性。在黑格尔看来，人是在自身的理性运动中理解自身而构成历史的，在他的辩证运动的历史图式之中，前者并不是作为后者完全的历史根基所存在，这与很多非理性主义者截然不同。历史从来不是一个自然连续的过程，也不是在时间流上构成前者对后者的实现的。这一点被黑格尔作为文明根基的特殊性而存在。每种文明的自我意识与

---

① 黑格尔. 精神现象学（上）[M] 贺麟、王玖兴，译. 北京：商务印书馆，1979：142.
② 马克思. 1844 年经济学哲学手稿 [M]. 北京：人民出版社，2009：97.

自由的构造都不是根据之前的文明而来，而是作为本文明的独特根基，精神与理性就被看做是某个文明历史的产物，而不是全部文明历史的产物。这一点看似无关紧要，却构成了黑格尔理性图示关于启蒙的根本态度，即使他本人也没有意识到这种文明在历史中的阈限是多么重要。

基于黑格尔的辩证人性观可以看出，对于自我认识的追求构成了黑格尔将个体、社会和伦理相统一的现实基础。在其中，与马克思不同的是，黑格尔的历史传统是由人通过理性对于知识的获得程度，即对于世界的把握程度作为基本范畴的。这种理性将一切历史与自然的现实性作为自身表达的一部分，从而构成了其自在的自我实现的过程。

在黑格尔看来，历史是一种自我意识及其阐发的序列，与自然哲学不同的是，人的历史是一种人的主体意识追求的目标，而不是自然的不自觉的绝对精神的运动。在此基础上，历史被看作是有意图而实现的，而不是自然实现的，在这里黑格尔就进一步彰显了个体主体性的重要作用，即使这种作用在一定意义上只是人的精神的普遍性追求。在黑格尔看来，历史前进是绝对精神外化为人的重要结果，同时在相同的历史源头中，宗教改革带来的信仰自由是与世俗自由的追求相一致的。这构成了黑格尔历史理论的落脚点，即通过精神运动解构基督教的绝对性追求，从而将自由作为宗教和世俗共同追求的现实目标，只有这样，理性才可能彻底占据人们的意识实在，接近真正意义上的自由。

那么，在现实社会中历史的进步就必须依靠人们自觉地、有意识地去重建世俗环境。黑格尔认为自由同样是基督教的终极追求，而这种追求"不仅仅限于宗教经验领域，信仰中获得的自由也必须灌注于世俗的活动——即家庭生活、市民社会和国家——中并改变它"①。那么，对现实生活

① 斯蒂芬·霍尔盖特. 黑格尔导论：自由、真理与历史［M］丁三东，译. 北京：商务印书馆，2013：437.

的追求催动了市民社会的兴起以此带动了法权和道德进一步重释。可以说黑格尔继承了宗教改革的典型成就，通过对世俗的追求平衡信仰和现实生活的关系，并尝试着将两者纳入到一个解释范畴之中，这与笛卡尔和康德等人相比无疑也是认识运动把握能力增强的一个环节。

首先，黑格尔强调了自由在现代对于人的重要意义，虽然这种自由根源于人的理性的自我发现。正因为黑格尔对人性的辩证法阐述，所以发现其思想中的社会共同体内容就变得十分容易。在黑格尔看来，道德、习惯和法律都是对自由追求的重要方法，同时也是在市民社会中需要得到确立的内容。黑格尔的政治和社会哲学的主题就是围绕对人的现实自由的实现和保障之上，虽然它的基础仍然是对自由的自我意识的发现的概念基础，即"他有权利被视为一个权利拥有者"[1]。黑格尔将理性的自我反思作为启蒙的一个重要环节是与其他启蒙思想家相似的，而将理性置于一个运动过程中在人的精神中实现则与传统观念中的理性是人的潜在本性的观点有所不同。这种看似微小的差异实则将人的规定性归结于人本身之外，需要依靠历史的社会的现实来对其内在化，这在关于人的本质规定的意义上无疑前进了一大步。

第二，黑格尔对自由的追求并没有仅仅停留在抽象的自我发现，而是推进到了世俗社会的重构。在黑格尔看来，国家、法律、道德等的意义在于满足个体基本的权利，也就是满足每一个人的自由。黑格尔并没有将法权狭义化，而是作为整个现代社会存在的整体性基础，"法权不只是局限的法律法权，而是须认作包含着自由的一切规定的定在"[2]。只有这样契约才会形成，国家才会建立，才是真正的国家而非强制性建立的国家。这就

① 斯蒂芬·霍尔盖特. 黑格尔导论：自由、真理与历史 [M] 丁三东，译. 北京：商务印书馆，2013：296.

② 黑格尔. 哲学科学全书纲要（1830年版）[M] 薛华，译. 北京：北京大学出版社，2010：348.

与传统有着根本的区别，国家是与政治目标和自由需要连接在一起，而不是和血缘或者自然关系联结在一起的，从而定义了现代国家。

第三，世俗自由保障的确立不是基于个体的，而是基于整个社会或国家的。法权或者道德这样的要素虽然可以在个人层面上完成自由意识，但在黑格尔看来这是抽象的、而非现实的自由，"个人给予自己自由的那种定在是所有。作为这样的法权，是形式性、抽象的法权……是作为在主体内符合于自己的概念的现实性及必然性总体的实体性意志，即伦理，家庭、市民社会和国家中的实体性意志"①。黑格尔十分强调个体和作为社会整体的人的关系，认为只有将法权以及伦理落实到现实的国家意志或者社会意志，个体所具备的抽象自由的实现才具备有现实基础。由于黑格尔哲学中自然带有人的本质构成是社会性的内涵，所以就不用像笛卡尔或者康德那样寻找一个确定的共识性基础。所以说，一个理想状态的现代国家在黑格尔看来是完全的宪政国家，即典型的普鲁士王国的政体。

即使黑格尔对国家对自由的最终实现的观点带有极大的抽象性和空想因素，自然和其他启蒙思想家一样也没有考虑到国家本身作为暴力机器的阶级性，这是建立在将自由视为抽象天赋的出发点之上，无论这种抽象天赋来自于个体之内还是个体之外。对于绝对自由的追求是贯穿启蒙思想的重要主题，也正因为对绝对性的强调导致了上帝在这里面的挥之不去。这种追求当然并没有考虑到现实生产关系对于自由的真实定义，也恰恰因为如此，自由走向了它的反面：当现实并不像启蒙思想家们描述的那样达到终极理想的形式，而是随着工业革命加速向前，抽象的自由就已经成为了伪命题，取而代之的则是更加残酷的事实。在这个意义上，启蒙并没有达成自身的追求，所以它仍未结束。

---

① 黑格尔. 哲学科学全书纲要（1830年版）[M] 薛华，译. 北京：北京大学出版社，2010：349.

第三章　启蒙的自反性

"这是一次勇敢但不成功的营救行动，启蒙哲人想挽救不该挽救的东西。他们的认识论、社会学和历史学业已颠覆了自然法的逻辑、他们却继续用自然法的语言来支撑他们的社会批判，指导他们的改革纲领。在他们的著作中，自然法犹如司空见惯的事。仿佛它是所有受过教育的人都了然于胸、没有受过教育的人大多也认识的某种简写符号，要么像康德那样把自然法视为人类奋斗的目标。"①

一、启蒙现代性的新阶段

围绕着民主和专制的争论始终是资本主义世界的重要话题之一，现代主义正在逐渐淡化政治并且将民主自由供奉上神坛从而远离现实生活。无

---

① 彼得·盖伊.启蒙时代（下）［M］王晓强，译.上海：上海人民出版社，2016：421.

论是在政治经济或者是其他领域都相似的是，围绕资本建构的理性主义方式已经占据了统治地位，这是与资本主义的兴起、发展和成熟紧密相关的。"后工业时代"成为现代主义和理性主义彻底展开自身的时代特征。丹尼尔·贝尔的后工业时代理论对其有着简明的表述：

1. 经济方面：从产品生产经济转变为服务性经济；

2. 职业分布：专业与技术人员阶级处于主导地位；

3. 中轴原理：理论知识处于中心地位，它是社会革新与制定政策的源泉；

4. 未来的方向：控制技术的发展，对技术进行鉴定；

5. 制定政策：创造新的"智能技术"。①

以 18 世纪末到 20 世纪初期的典型工业文明为代表的资本主义发展传统在第二次世界大战之后随着第三次科技革命展开全面的重构。旧的经济体制、政治运行机制和文化机制逐渐解体，变为一种隐藏了价值属性的合理化配置。启蒙的理念从一种政治呼吁逐渐变成了内嵌在社会运行中的现实，来实现资本主义对启蒙的直接继承的表达。现代化的时代逐渐转变为现代性的时代。

"自反性"顾名思义即指一个事物在历史运动中走向了自身的反面，"自反性启蒙"或者说启蒙的自反性意味着启蒙变成自己最初反对的对象，这种转变并不是形式的转变，而是本质的转变。启蒙运动弘扬了自由和平等，通过工业化和现代化的历史进程发展了资本主义的自由和平等，从而在现代化中建构了新的资本极权。这种辩证法的运动不能简单地归结为资本主义对启蒙的反抗，而是意味着现代性这一启蒙特质的二重性因素成为

---

① 丹尼尔·贝尔. 后工业时代的来临 [M] 高铦，译. 北京：新华出版社，1997：14.

启蒙自我运动的现实性结果。这个结果表达了现代性对于启蒙精神进行的抽离、改造与整合，启蒙的自反性正是意味着一种不彻底性的历史运动向自身反方向的回归，以试图寻求更加牢固的社会基础。

所以说，现代性资本主义社会中即使仍然存在着与启蒙精神相悖的基本分工，比如阶级阶层、职业、性别、种族、地域等等在现实中仍然存在有强烈不平等的结构，但是与封建时代所不同的是，这些不平等是社会达成共识的结果，具备完全的合法性支撑。第二次世界大战之后，西方发达资本主义国家的社会改造以福利国家和中产阶层兴起为标志，建立在技术进步的前提条件之下，并且通过社会改革大大减弱了阶级斗争的强度，从而进入了一个资本主义自称是超阶级的新阶段，自此，现代性也在世界范围内取得统治地位。从社会整体性的视角观察，现代性已经衍生出一套现代社会的根本原则，一切价值、法规和道德都是现代性的派生。

现代性从形式上达成了启蒙的基本要求，即对于追求欲望、自我立法和理性之上的纵容，这完全反映了启蒙运动不成熟理念的历史现实。之所以说启蒙是一项迄今仍未完成的人类事业，是因为启蒙的形式在资本主义社会中得到了表达，但是这种表达被嵌套在了一个更潜在的专制原则之中，即启蒙本身现代性的一面绝对化了。所以，马克思主义认为资本主义在创造了巨大的历史进步的同时，也为自身掘开了坟墓。资本主义社会对于启蒙在形式上的实现奠定了物质和政治基础，从而造成了资本主义体制下的社会发展具有内在的自我否定性，即无产阶级革命的历史潜力。这种革命所要达成的并不是消灭资本主义的经济基础，而是消灭建立在这种生产力和社会基础上的社会阶级关系，进而对社会整体进行全面改造。所以说，马克思主义的革命理论并不是一个现代化的目标，而是一种将空洞的启蒙原则通过革命变为现实的社会运动。

科技革命创造了新的生产力布局和产业结构，在实践上将经济社会中的二元对立的现实状况纳入到了社会结构的一般性质之中，从而在概念和现实中都创造了一种结构化的事实，并且后工业时代正是基于这样几种原则建构自身的。工业时代那种经济发展-政治保证的资本主义统治模式曾经带来大量的阶级斗争和严重的经济危机，推动了资本主义的自我改革，从而建构起了以福利国家和中产阶级化为特征的后工业国家。

那么，启蒙的一方面，即理性主义的、财富冲动力的以及财产法权的方面成为资本主义赖以发展的历史原则，并且成为现代性自我立法的原则基础。而启蒙的另一方面，即感性直观的、文化自由的、平等的理念却成为前一个方面的附属品。它们并不是不存在在当代社会之中，但是它们却成为了对资本逐利和维持现实财富占有不平等的注脚。这两套启蒙原则在现代性社会结构中所处的不同地位使得前一个方面在没有后一个方面制约的前提下不断深化。资本主义的社会秩序都是基于这种理性和私有财产至上原则的建构，所谓平等理念不再是人的机会、发展和地位的平等，而是被改造成为基于财产私有制前提下的抽象平等，从而在现实领域毫无意义；文化自由也仅仅是在大众文化方面的生产和消费的自由，而丧失了文化的自主性和革命性；感性也仅仅存在在艺术领域，即使如此它也经常被理性化和科学化的解读。

所以，启蒙的自反性意味着工业社会向后工业社会的变化将启蒙超越性和批判性的潜力消解掉，并且将启蒙内涵的二元原则转化为一种潜在的专制原则，以往年代的价值追求转化为了一种不可置疑的基本原则和社会基石。在这种专制原则的前提下，社会生活呈现表面的多元性和自主性，并且实现了行动上的民主自由，形成了所谓的技术轴心的理性时代的现代性道路。

一个很鲜明的例子就是当代西方世界并不拒斥马克思主义，相反马克思主义一度成为学院派中的显学，然而，这种将马克思主义学派化的倾向消除了马克思主义固有的革命性。学术无法出得了大学，更无法进入实践舞台，同样更不能作为政治家们改造社会或者工人们发动工人运动的理论

指导。同样的，民主选举给予了人们充分的自由，人们拥有选择任何一位
候选人的权力，可候选人本身就是大资本运动的产物。"人们只有通过有
限而特定的媒介获取信息，这些媒介则全部被高明的心理学家占领，他们
直接服务于资产阶级的宣传，这些宣传看似可以自由被人们选择"①。这种
后工业社会很好地实现了技术、大众文化和社会规范之间的关系，在此基
础上西方马克思主义者也针对这种历史现实改变了传统马克思主义的批判
重心，开始重视意识形态、社会文化领域的资本主义无形统治，并且开始
关注现代人的思维和审美结构。由此可见，伴随着社会经济生活的非政治
化的趋势，政治统治实际上是呈现一种隐性和内在性的特征，这依赖于现
代性社会的极权结构，这个结构往往还被看做是保障民主自由的手段。在
当代资本主义社会，人们对政治的关注普遍下降，社会生活、尤其是围绕
现代消费和大众文化的中产阶级生活方式在很大程度上实现了去政治化，
相对应的资本主义国家政治机构也在不断的缩小职能范围。这些现象意味
着"社会"相对于政治的独立，即使在经济层面国家干预在逐渐增多。

"到了 20 世纪工人通过企业、罢工运动、工会和政坛表达诉求、施加
压力，劳动条件改善了，资本主义也变得更文明了"② 阐述了当代资本主
义的变化。这种从资本主义立场的视角准确道出了当代资本主义国家的基
本特征，即以阶级矛盾缓和为核心，追求社会稳定和阶级统治。

在此基础上，"启蒙"意味着一种抽象原则，"现代性"则意味着现实
社会的一般特征。那么，启蒙现代性则意味着现代性中用于建构当代资本
主义的一系列原则和尺度，这些共同作用构成了当代资本主义极权统治的
潜在性因素。这意味着启蒙思想的核心方面背离了启蒙运动的初衷，用形

---

① 刘云杉 . 反构社会学-后现代主义与未来的对话 [M] . 北京：中国书籍出版社，
2015：15.

② 于尔根·科卡 . 资本主义简史 [M] 徐庆，译 . 上海：文汇出版社，2017：142-
143.

式的启蒙代替了启蒙的实质。在其中，阶级斗争也被形形色色的去阶级化的社会斗争所代替。围绕性别、职业、种族的争斗即使在无产阶级革命时期可以作为社会主义革命的天然同盟，但在资本主义社会条件下则被化约为一种政治安全阀。现代性对于这种围绕阶级矛盾产生的社会矛盾改造成为了阶级内部的理性主义诉求方式，从而通过薪水的增加、统计数字的表达一系列指标证明某种平等的实现，从而掩盖社会内部阶级剥削的本质。在这种政治行动中，公民的政治行动往往被异化成一种现实的政治参与的需要，"我们的主要关注点不能是资本主义政治中的老问题：退休金是否充足，母亲是否应该领取儿童津贴……我们必须将我们的精力投入到其他事情上：探寻用来实现新定向的手段，以超越供需型政治的冲突"①，同样的，这也是一种对于阶级矛盾冲突的潜在性转换。

所以，启蒙的自反性意味着我们要讨论启蒙理想是如何被资本主义、如何被现代性所重构的。这里阐述的实际是一个显而易见的事实：理性主义为代表的启蒙精神形成了又一种极权统治，理性取代了上帝、现代性取代了宗教神学构建了新的上帝之城。这始终伴随着启蒙精神不断通过现实的社会经济运动转化成为一种社会和政治原则，当这些原则成为固定的规范，就意味着现代性获得了其赖以蔓延的根基。所以说在某种程度上而言，启蒙的自反性实际是一个从松散的文化结构转变为一种严密的社会结构的转变过程。这种现实化的过程意味着现代化进程中人们对于确定性要求的膨胀，是基于资本主义发展进程中人们对于财富追求及其社会秩序的理性需要。那么，现代性在这个意义上就是为了满足和消除人们的不安和对于确定性的需要而发展起来。

实际上，这种发展动力不仅带来了高度分工的社会机制，形成了吉登

---

① Bahro. 转引自鲍里斯·弗兰克尔. 后工业乌托邦 ［M］李元来，译. 南京：译林出版社，2014：99.

斯所说的"脱域",即形成的社会信任机制的复杂化,另一方面则是创造了极大的风险。正如吉登斯所说,关于政治、军事以及经济甚至更严重后果的人类命运的风险"本身强化了人们的在或临近感,而且,许多人早就注意到了,这种感觉已经成了当今时代的一大特征"①。而恰恰前者则是制约后者的观念体系,在社会脱域的基础上,对风险危机的恐惧很难从中诞生出某种意义上的理性规划,取而代之的则是游离在社会意识之外的个体无意识。"在世俗环境中,可能性虽低但后果严重的风险,有助于重新滋生出一种运气感,这种幻想与前现代的世界观更为接近"②的模糊信念并不能彻底消除人们关于风险的恐惧,而是"命运还必然使我们在无意识层面付出代价,因为它的核心意义是对焦距的压抑。无意识中关于人类整体所面临的不确定性,似乎充满了作为基本信任的对立面的恐惧感"③。这种时代的特征之所以呈现这种强烈的两极性根本上仍然是由于资本主义对于启蒙辩证特征的消解,使得理性意识严重依赖于资本社会的工具理性,从而将启蒙的另一面抛弃到了无意识层面。

启蒙理想被重构的背后是整个资本主义现代性发展的历史进程。"现代性"取代"现代化"成为资本主义统治的主题,表达了资本主义从以内在生成性为主要动因转化为自我维持为核心。这种从开放性向封闭性的转化正反映着资本主义完成其重要历史意义而转向反面的结果,而启蒙正是作为其中重要的维持机制而支撑着资本主义的自我表达的。

这种转变意味着启蒙表达方式的变化,其背后隐藏的是资本主义本质实现方式的转变。所以这种表达的变化绝不仅仅是外在的变化,而是具备资本主义发展内在性的实现形式。启蒙的转变表达了其自身并非某种固定

---

① 安东尼·吉登斯. 现代性的后果 [M] 田禾,译. 南京:译林出版社,2011:115.

② 安东尼·吉登斯. 现代性的后果 [M] 田禾,译. 南京:译林出版社,2011:116-117.

③ 安东尼·吉登斯. 现代性的后果 [M] 田禾,译. 南京:译林出版社,2011:117.

的理想类型，而是随着资本主义运行机制变化而变化的对象。启蒙精神从伴随资本主义诞生以来的资本主义的现代精神内涵已经转化成为了维持资本主义现代性的制度形式，从而走向自己的反面。

对于启蒙的现代性考察需要着眼于世界现代化历程中发生的种种社会变迁形式，这些形式不仅仅是世俗的、政治的，更是文化的、心理的与意识形态的。这种变迁形成的一系列二元形式都意味着一种旷日以久的转型，代表着启蒙理论和启蒙理想在资本主义体制之下所产生的实践方式，同时，这种转化形式意味着现代性呈现出新的二元模式，即一种观念意义上的启蒙观和社会运行建构原则为核心的启蒙理念与资本主义事实上的集权统治相对立的模式。这两者在当代资本主义运行的建构中实现了某种意义上的自洽性。那么，我们观察启蒙的方式就决不能局限在概念领域和概念表述之中，而是要探讨启蒙思想的伦理是如何在被保留原则的前提下被破坏的。在此这个论题包含着如下问题：

首先，启蒙思想是在何种条件下摆脱单纯的思想形式而走向世界的前台的？

第二，现代性的哪些特质使得启蒙萌生了自身的反面？这与资本主义的发展有怎样的关联？

第三，启蒙理想的现实发展造就的现代性的种种二元对立是否与启蒙自反性本身的后果？那么启蒙自反性是否就意味着启蒙的现实实现形式同资本主义本身一样存在不可避免的历史局限性从而最终会走向毁灭？

第四，启蒙运动最初是为了摆脱人类群体的愚昧状态，从而为自身寻找某种确定性，对这种确定性的追求导致了唯心主义，而古典唯心主义的破产与社会世俗化进程却在不断扩张无序性和不确定性，从而进入风险社会，那么启蒙是否可能并可能在何种方面能够重新帮助人类摆脱目前的风险状态？那么启蒙原则可否通过自我调节去将风险控制在某个界线之内？

回答如上几个问题，首先要明确我们口中的启蒙究竟处于一种怎样的状态。如果说启蒙运动意味着一种对旧世界的推翻和新世界的规划，那么今天的现代性世界无疑就是启蒙规划的现实结果。启蒙最初是作为一种否定性形式而存在的，包括阿多诺在内的批判理论家也宣称是要重建批评性和否定性辩证法，其话语指向的对象正是启蒙运动本身的伦理和实践。如果我们把现代性的形成当做一个通过启蒙原则祛除否定性的过程，就很容易发现其中否定原则的对象被偷换了。这点正如哈贝马斯所说：

> 启蒙哲学家们在 18 世纪提出的现代性规划，存在于他们要根据客观科学、普遍道德与法律以及自主艺术的内在逻辑来发展它们的努力之中。与其同时，这一规划旨在释放上述每一领域的认知潜力，使它们摆脱其玄奥的形式。启蒙哲学家们想要利用这种专业文化的积累来丰富日常生活，也就是说，来理性地组织日常社会生活。①

启蒙的目的本在于消除极权，那么中世纪以来的宗教神学及其对世俗社会的控制就成为启蒙思想的批判对象，这时启蒙的宗旨就在于不断弘扬人的地位和作用，强调人的自主性，并且批判在这种自主性之上一切的虚假预设。那么，启蒙现代性建构的核心正是通过意识形态的、实践的和审美的基本维度来实现人类组织和发展形式的自我创新。在这种建构条件下，对于普遍解放的努力就贯穿在这几个主要维度之中。意识形态的解放带来的是现代政治学的形成，紧接着对于解放的政治事件也随之而来，时间更早的文艺复兴直到 19 世纪初也在为思想解放不懈地努力。在这个变迁巨大的历史进程中，主要国家的资产阶级革命使得启蒙理想在世俗社会得

---

① 哈贝马斯. 转引自杰拉德·德兰蒂. 现代性与后现代性［M］李瑞华，译. 北京：商务印书馆，2012：136.

到高度的整合，更重要的是建立了真正的启蒙权威，从而才有可能架构起资本主义的现代性形式。从这个意义上回答第一个问题：资本主义，尤其是工业化之后的资本主义是启蒙真正的走向现代性进程前台的标志，也就是说它从一种单纯的思想或者意识形态变成了现实。

那么，启蒙理想的现实化也就表达了启蒙话语在社会领域的胜利，这种话语结构被当做建构现代社会和现代性的根本准则，并且衍生出一整套现代社会运行和发展的秩序规范，这被当做是现代性建构的基石。那么，启蒙本身的方法原则，即否定性原则被现代性作为具备明确对象化特征的原则而阐释，这样，启蒙思想就和单纯的追求人的自我解放的愿景割裂开来，成为仅仅是为了反抗神学统治的意识形态工具。这种话语的禁锢建立在资本主义体制追求确定性的原则之中，在其中，对现代秩序的追求取代了对解放的实践的追求。解放性的抽象话语被排除在社会之外，取而代之的则是被宣称已经实现的启蒙目标。现代性与资本主义同时在社会领域呈现出要求社会实践和意识形态一致性的立场，从而保障对资本和社会关系的再生产过程。这样，资本主义现代性消解了启蒙的原则性立场，使之转化成为了一种业已实现的组织原则，使启蒙精神物化为资本主义的启蒙政治经济学。

从时间角度来考察，启蒙自反性是在现代化进程之中发端并蔓延的。依靠启蒙思想的具体架构建立的现代性世界是一个高度流动并不断延伸的世界。哈贝马斯希望通过重建话语体制来消除既有的集权从而实现真正的启蒙，即现代性的规划，所以在他看来现代化进程中的反启蒙要素仅仅是自我否定的一个环节而已。这种观点无疑忽视了启蒙的本质使命。将现代化当做一个可以时刻自我革新过程的观点仅仅适用于资本主义框架之中的社会技术变革而存在，这些变革一方面加强了人们获取财富和解决基本权益的可能，但另一方面则是加剧了自由的虚假性和社会监控的程度，由此带来的不确定性会继续膨胀。这是与现代性在有限历史中反复建构的种种二元对立是一脉相承的，并通过对启蒙政治、社会与经济观念的反复生产来强化这种社会既存二元对立的合法性，并且将建构个体生活世界的属性都纳入到一种既存的权力关系模式中。在这个意义上，并不能认为现代性不可解决的二元后果是启蒙精神本身的局限。这是一个有关于将启蒙精神在不同历史时期所在的公共领域模式区别的问题。显然，启蒙时代关于解放的公共话语明显以一种非政治化的形式外在于现行的时空架构之中，而现代性背景下的启蒙则是被纳入到了有条件的政治自我反思机制之中。启蒙不再是实验性的、解放性的与革命性的，而是作为平衡现代性资本主义体制中风险的有效观念资源。这种决定性的转化正如前文所说，必然会舍弃作为解放话语的启蒙原则，而建构起一套历史终结论背景下的启蒙完成式。

那么，就第三个问题而言，现代性资本主义改造了启蒙的话语和阐释，用一种虚假的启蒙代替真正的启蒙。而现代性种种二元对立所创造了关于个体的身份隐喻到关于宏观角度的不平等分工都预设了种种不平等的身份特征，恰恰这种虚假启蒙正是在一系列不平等结构中所给定的合法性。本书对启蒙的态度尝试利用这样一种辩证法：当启蒙接受资本主义的改造并成为资本主义工具的时候，那么它就应当是具备历史局限性的，要被真正启蒙的内在解放冲动所要冲破的对象；而真正的启蒙如果想得以实现，那么这种实践就需要通过联合真正马克思主义的革命实践从而指向全新的现代性，正如马克思所说：

因为这些大城市的工业和商业发展得最充分，所以这种发展对无产阶级造成的后果在这里也表现得最明显。在这里，财产的集中达到极点；在这里，美好的旧时代的习俗和关系最彻底地被摧毁，在这里，人们已经走得这样远，以致连美好的老英国这个名称也变得无法想象了，因为老英国甚至在祖父母的回忆和故事中也听不到了。在这里，只有一个富有的阶级和一个贫穷的阶级，因为小资产阶级一天天地消失着。小资产阶级，这个过去最稳定的阶级，现在成了最不稳定的阶级。他们是旧时代的少数残余和一些渴望发财的人，十足的实业投机家和投机商，其中或许有一个人可以致富，但同时会有 99 个人破产，而这 99 个人中一多半只是靠破产生存。①

生活世界的殖民化观点在某种意义上反映了确定性逐渐丧失的世界。在高度复杂并且可以在运动之中衍生出大量可能性的当代社会，每个个体都处在社会权力生产运行的环节之中，并可能通过社会权力系统对现实造成影响，进而波及到政治决策、资本流动以及象征形式的再生产等方面。世界正处在一种建立在现代性社会机制基础上微妙的平衡之中，其潜在着巨大的风险。自从工业革命以来，围绕工业化对社会领域的占有和侵蚀的批判就不绝于耳，集中于工业文明对人类存在确定性的挑战被认为是具有巨大潜在风险的方面。现代性建立在人同社会与自然的分裂之上，并且将当代的主要特征建构成为缺乏自我理解基础的未来学理念，对目标的缺乏、多元主义的泛滥、确定伦理标准的丧失使得社会失去绝对意义的参照物，呈现出类似于宇宙学中熵增加的运动形式。显然，启蒙运动的初衷正是为了人类能够将确定性的寄托从上帝转回到人的精神本身，但是工业革命显然将个体精神置于理性主义和自由主义的附属地位，呈现为个体精神并不为现代性的目标而存在。更重要的是现代性本身并不预设某种标准，从而在不确定性中造成了大量的误解、失范以及冲突。

所以，现代性本身内在的历史转化必须要同启蒙自身自反性结合起来看待。现代性在历史中形成的与过去的参照构成了自身的特征。正如卢曼

---

① 马克思恩格斯文集第一卷 [M]．北京：人民出版社，2009：407.

所说"现代性是一个使自我与他者、内部范畴和外部范畴之间形成一种特殊关系的过程。其中的本质在于构建一种差异，因为所有确定自我之同一性的努力都需要一个他者"①，所以说，现代性的建构是基于其内在预设的与旧世界的价值对立的冲突，而这种冲突的最明显形式就是存在于 18 到 19 世纪启蒙运动的思想浪潮之中。在这个意义上，现代性从社会运动中一种萌芽的特征形式而成为现代社会本质性特征的转化并非无迹可寻，启蒙思想在资产阶级革命和国家体制建设中的实践使现代性潜在的极权主义释放出来，这建立在启蒙思想已经随着资产阶级革命取得胜利的前提之下。当启蒙思想的具体内容失去作为批判目标的反面，现代性就有条件得以释放自身的自主性。那么，工业社会最初就是建立在对于新的确定性的二元矛盾之上，一方面，工业生产的资本主义体制仅仅将资本和自身生产方式的再生产作为最根本的意义从而放弃了确定性的追求；另一方面，为了维持自身本质的持存性，现代性通过消除历史对自身的确认创造社会整体意义上的统一性，即通过不断建构原则从而完成社会控制和形式启蒙。

所以，现代性所带来的风险社会本身就是现代性对主体消除的后果。吉登斯将现代性的社会组织形式描述为一种现代性的特征群的空间差异意味着不同区域的形成，并在理论中将这种区域视为一种社会实践发生关系的时空分区，这意味着不同的场域对应着公民在其中不同的惯习建构，需要按照空间所特有的资源分配原则来实现自我的行为。这样，空间就被赋予了固化的客观性，这种客观性随着现代性支配的空间不断增强的流动性而逐渐的丧失。这样，现代性不仅仅作为一种现实的背景而存在，而是作为城市边界形成、权力网搭建以及创建新的主客体关联的根源。这些联系的必然要通过现代性。现代性已经从从属于制度和生产方式本身的时代性

---

① 杰拉德·德兰蒂，现代性与后现代性［M］. 李瑞华，译. 北京：商务印书馆，2012：121.

转变为这两者的控制者。这种客观性的蔓延意味着对于现代性社会的种种认识都可以被归结到一系列的科学主义方法的结果之中，而这正是现代性的重要后果：科学主义及其在社会领域的制度化标准的统治。那么，对建构社会所遵循的机械关系恰恰是最缺乏确定性的机制，对于科学建构之外的一切都缺乏应对能力，由此可能引发的社会各维度内部与外部的失衡或者冲突就难以寻找到一种合理的恢复和反思机制，或者说社会缺少以人为主体的具体弹性，而是抽象的规则控制，无法承受认识知识标准变更、自然变化或者制度崩毁的风险。正如贝克认识的：

> 那些损害健康、破坏自然的东西是我们自己的感觉或者眼睛认识不到的，结果完全脱离了人类力量的直接观察，焦点越来越多地聚集于对受害者来说既不可见、又不可认识的灾害，这些灾害在那些受到影响的人生存期间可能并不生效，但是在他们的后代子孙身上就会起作用。①

所以，解答最后一个问题的一个重要前提就是重申启蒙与现代性的历史性关系。与其说现代性产生的悖论与启蒙产生了偏离，不如说启蒙本身就是现代性资本主义改造的一部分。对于风险控制乃至消除的愿景也应建立在摆脱启蒙诠释的制度化背景的前提下。而真正启蒙的达成也必然要经历这个环节。

---

① Ulrich Beck. 转引自严翅君，韩丹，刘钊. 后现代理论家关键词 [M]. 江苏：江苏人民出版社，2011：256.

二、启蒙的再生产过程

既然启蒙的确立是与现代性的展开密切相关的。所谓启蒙的再生产，本质上则是现代性资本主义为自身寻求合法性的生产过程。启蒙对于旧秩序的打破及其历史感的消除，使得传统本身不断地被解构成为现代的权力合法化内容，也正因如此，启蒙思想被认为是建构现代社会的基石。从资本主义取得统治地位的历史起源中来看，在启蒙运动对于传统旧秩序的打破的语境之下，在普遍认知中，存在着关于启蒙运动随着资产阶级革命在欧洲范围内的展开已经完成了自身的历史使命，并且转变成为了一种现代社会建构的制度、文化和意识形态要素。实际上，现代西方社会发展初期确实是按照这样一种制度规划来展开的，包括建立民主制度、资产阶级法律等等行为，即使他们在贯彻这些原则的过程中经历了甚至更加残酷的历史事实。但在第二次世界大战之后，资本主义进入到了全新的发展时期，所呈现的民主化、多样化、现代化的社会形态对非西方世界产生了极大的冲击力，由此衍生的历史终结论为代表的观点也开始大行其道。如果我们将这个历史过程作为一个整体来看待的话，就会发现启蒙精神在西方社会经历了一个迄今仍未结束的改造过程，抑或说是再生产过程。所以说，启蒙是一种现实的状况，是内在于资本主义现代性中的一种既定规范。这种规范是原则性的，而不是具体的，在今天仍旧影响着现代性体制下的审美、习俗、价值和道德伦理等等。这被当做是现代文明的重要特征，并且不容置疑。

这也就是现代性始终保持确定性的内容，即将启蒙运动时期的具体政治规划作为启蒙遗产保留下来，作为现代的确定性基础，并且不断地为其赋值。也只有如此，现代性才可能在维持自身秩序的过程中将对启蒙神话的质疑，即围绕知识和权力垄断的质疑之中维持自身。这同样意味着对历史的消除。吉登斯（1990）曾将这种变化称之为"虚化"的过程。时间与历史的联接逐渐转变成为对"有机体的占用"过程。时间在现代社会中被独立，并作为现代工业生产的尺度单位而存在，从而造成了历史与时间事实上的分离，时间成为现代性社会加速体制的一种单位，而不再是一种寻求确定性的历史形式。所以，尼采的预见是深刻而具有远见的，他对于人类认识逐渐被现代性资本主义所统治并生产的事实提出质疑。知识与权力的共生是现代性的典型特征，现代性也正是通过过这种方式不断地重释启蒙。在这里，启蒙的再生产遵循一种这样的逻辑：通过现代性资本主题体制之下的权力系统生产的知识，投入到对于启蒙原则的阐释之中，从而不断进行启蒙的现代性释义，并将社会事实不断整合进资本主义的内在资本与价值生产之中。在齐格蒙特·鲍曼的理论中，如果说对秩序的追求是现代性内在的理论目标与外在的现实建构，那么对社会体制有序化追求的过程中，知识分子正是现代认识和意识形态以至于社会发展建构的重要角色。所以说，鲍曼认为知识分子实践模式的核心就在于它是带动着与之关联的社会合法化的理论主题。同样的，知识分子以及作为培养和容纳知识分子的现代知识生产体系，包括学校、科研机构以及大型企业在内的等等都是启蒙再生产的重要节点，并且与资本主义体制创造了良好的知识从抽象到实践之间的互动形式。那么，社会标准、规范和价值及其背后的知识生产的祛魅更加动摇了现代性基础的确定性，即使实际上多元现代性作为现代性的"补充形式"借以在表面上消除文化霸权和文化侵略的诘难，并且尝试借此扩张其确定性的根基，但这种形式不仅不会对西方中心主义的造成本质性的影响，并且丝毫也无法触及西方世界现代性资本主义知识再生产的机制。甚至我们可以认为，多元现代性的事实也同样是一种生产模式的结果。

现代性资本主义发展至今在很大程度上生产了更多具体形式的启蒙规范，也不断对应着现代世界不断变化的结构。启蒙随着资本主义全球扩张的历史与现代性的具体社会事实紧密相关。正如马克思所说"资本主义的生产，像基督教一样，本质上是世界主义的"①。一方面，全球化使得全世界的不同结构、世俗、制度以及价值被整合到了西方世界的资本生产与再生产体系之中，并且使得全球化本身成为各个维度不可逆转的潮流，也成为当代社会现代性的判断标志，"资本主义生产绝不是以随便什么样的规模进行都行的，资本主义生产越是发展，它就越是不得不采取与直接的需求无关而取决于世界市场的不断扩大的那样一种规模"②，从这个意义上讲，现代性资本主义的一大特征就是不再通过明显的暴力手段去维持全球经济体系的西方化，而是通过更加温和、无形且长久的软输出进行统治；另一方面，启蒙也随着这种经济、政治、资源和信息全球化的进程参与到了维持全球以至于地方平衡的构造之中，自由、平等、追求财富以及天赋人权作为启蒙的核心原则来整合社会规范和政治架构，并且逐渐成为资本主义国家的价值准绳。

在 19 世纪与 20 世纪的早期资本主义社会之中，明确而典型的阶级统治在实践中划分出了资本家和无产者的二元对立，在国家内部或者是一个生产体系内部，阶级斗争都是那个时代的主流，围绕着剩余价值的掠夺和工人阶级的反抗构成了政治-经济向度的统治模式。在这个阶段，启蒙思想仍然在为取得现实的一席之地而经历不断的斗争和呼吁，它扭结在资本主义社会政治的改良和阶级斗争的实践进程中。

生产力的发展、科学技术的进步和意识形态斗争等种种因素在 20 世纪中期共同作用使得资本主义与现代性成为一体两面的体制。现代性的扩张使得资本主义真正取得难以反抗的统治地位，并且加速了启蒙思想的"实现"。从这个意义上，现代性对社会全维度的侵入正对应了启蒙思想真正被纳入到资本主义意识形态的在生产过程之中，从一种简单的政治呼吁变

---

① 马克思恩格斯全集第二十六卷（三）[M]．北京：人民出版社，1974：277-278.
② 马克思恩格斯全集第二十六卷（二）[M]．北京：人民出版社，1973：534.

成为了与经济、政治、文化、审美甚至伦理相互依赖的再生产体制。在这个背景之下，正如马尔库塞所说："一种舒舒服服、平平稳稳、合理而又民主的不自由在发达的工业文明中流行，这是技术进步的标志"[1]。就此，可以认为这是长久以来对阶级压迫、阶级剥削的早期资本主义政治经济体制的一种改良和纠正。事实上这种手段确实造就了当代资本主义相对稳定的现实和已经号称消除阶级差别以达到历史终结的假象。技术进步和生产方式的局部调整使得物质生产的形式发生了重大的变化，同时隐藏了剩余价值生产的残酷性和绝对性，而更加倾向于相对剩余价值的生产，同时通过在一些方面消除绝对贫困的手段与剥削手段相混淆的形式来宣称阶级的消亡；在全球化过程中，野蛮、暴力和掠夺变得不可持续，资本输出和商品输出，以及以文化和政治输出为代表的资本流动模式变得温和而非暴力，同时也辐射到了政治和文化领域。现代性无形的将这些维度高度整合，并且将其去价值化。现代性资本主义国家逐渐减少了以阶级压迫和暴力为手段的统治，更多采取一种温和的手段进行社会控制和全球扩张。

当代资本主义之所以被我们称作是现代性资本主义，就在于现代性成为当代资本主义运行的根本体制。资本主义的范畴变得更加广泛而深入，并且在其各方面都被命名为"现代社会"。这样，资本主义就不再单纯表现为是一种制度形式或者意识形态，而是一种代表进步和现代的形式。那么，现代性资本主义预设所内在的二元对立就不完全是社会主义或者是无产阶级，还有古代、愚昧以及人的非自由状态。可以看出，硬币的另一面的对象发生了变化，这意味着启蒙加入到了资本主义的自我重铸之中。启蒙思想为资本主义的改造提供了制度化的资源，这并不是说早期资本主义的制度建构之中缺乏启蒙的成果，而是说现代性真正的将启蒙实现了改造并且投入到了其自我再生产的环节之中，这是与资本主义历史进程具有一

---

① 赫伯特·马尔库塞. 单向度的人 [M] 刘继，译. 上海：上海译文出版社，2014：3.

致性的。启蒙思想在20世纪仍然对资本主义产生了决定性影响，并使之赋予了普世性的外衣。现代性与启蒙思想联系的十分紧密，并且是启蒙思想真正被纳入到资本主义体制生产的主要动力。如果简明地归纳资本主义、现代性和启蒙思想之间的关系，那么可以这样说：资本主义发展的历史性因素完成的自我否定，即资本主义自我改良机制的运行促使了现代性成为资本主义的基本体制，并且垄断了社会从宏观到微观的各个维度。正是由于现代性统治地位的确立，"现代"的确定性掩盖了资本主义的确定性，从而改造了当代世界基本矛盾的表现形式，那么，自由、平等、追求财富以及天赋人权为核心的启蒙思想被具体化为机械的规章并在社会政治文化建构的准则中被不断地重释。需要强调的是，现代性或者启蒙并没有真正改变了当代世界的基本矛盾或者主题，但是确实改造了世界主要矛盾和主题的表现形式和理解，这同样反映了现代性对各个领域垄断改造结果的一致性。这时，启蒙的对象早已经不是针对专制、压迫和平等的绝对的革命与解放的主题，而是被重新组织和改造的维持现代社会的立法基础。现代性资本主义意味着启蒙资源的内在化和启蒙本质的消解，启蒙在资产阶级革命时期的具体政治呼吁代替了启蒙本身超越历史局限性的抽象精神，这里所说的启蒙再生产是针对被现代性资本主义改造而后的启蒙而言的。

现代性资本主义将启蒙思想的内在化同样是一种对确定性的追求。现代性努力建构一种能够自治的社会系统，使之能够平稳运行。这其中允许冲突、斗争或者多元性的出现，启蒙在其中起到重要作用，无论是对于多元主义的宽容还是维持的社会动态平衡的机制，亦或是调节冲突的安全阀都是依靠启蒙理念的生产而获得合法性的。同时，风险也随着这些合法性的建构同样被生产出来。现代性的封闭体系造成对不可预知事实的控制减弱，同时对社会领域的封锁形成一个巨大的闭环，以防范未知的风险。然而越是如此，现代性控制力越强，对于自身把握之外现实的排他性就越强。很显然，启蒙的设想被加以改造成为资本主义用来维持历史终结论的价值基础，而社会体制的弹性也只能容纳这种科学主义和理性主义之内的可能性，否则就会带来未知的风险。一旦社会出现体量巨大的危机，例如 2008 年金融危机，现代性的自我体制就仿佛被釜底抽薪一般。

因此，对于当代资本主义社会中的启蒙阐释不能仅仅局限于一种概念视角之中，而是应当将其当做一种在现代性体制下对资本主义的一项制度性工程，关系到涵盖整个社会文化领域的规范再生产。现代性资本主义社会体制的语境之下，可以从经验角度观察到许多不能被忽视的启蒙议题，并且这些现象是十分常见并且甚至难以被称作是一种文化形式的，由此可见启蒙产品的普遍性与扩散程度。这在现代性都市之中变的更为显著，因为其中个体无意识的社会化通过各种现代形式操作。例如视觉人们在其理解世界的过程中发挥着重要作用，视觉给予主体最重要的指示。视觉对图像的选择，并不只是人们看到一件事物那么简单，而是人们可以在身体体验或者实践活动中进行对图像的再现。视觉的结果存在特定的结构，这些结构是在身体中再造体验模式的重要环节。在被现代性所重新建构的都市中，对于具体场景与图像的感知都潜在附带着意识形态。尤其是视觉面对的具有复杂结构的场景或者图像，所感知的细节与结构的信息也就非常的庞大。另外，个体日常实践的符号化与城市场景建构的符号化表达了人与所在地之间联系的广泛性。功能性在这些图像所代表的物质或者其它形式之中显然受到了象征意义的挤压。符号对视觉表达的意义往往超过图像本身。从这个意义上讲，现代性绝非是一种抽象主体，而是将其权力模式分配在了人的生产生活实践的每个环节。

现代性的统治地位相当依赖于对社会世界的改造，这些内容涉及知识、价值、社会关系以及客体的象征意义。而对于启蒙而言，容纳并且改造多元性与异质性就成为其内在的政治标准。启蒙作为一种日常制度与资本主义现代运行的环境相互渗透和交叉，并共同编制关于现代性的时空权力分布，这种分布是全球性的，并且在每个环节都依赖于一定时空结构下的知识再生产。从某种意义上来说，这种再生产就是对启蒙话语在时空情境中的具体配置和建构。在这个过程中，现代性始终遵循着理性主义和科学主义的原则，这既包括建立在当代科学进步基础上的实践配置，也包括基于新的生产工具和交往工具前提下人的生存方式的建构。现代性资本主义对于社会的改造和重建内在的包含了加强统治手段革新的动机。正如马克思所说："科学的产生和发展一开始就是由生产决定的"①，并且"社会一旦有技术上的需要，这种需要就会比十所大学更能把科学推向前进"②。在这个意义上，对知识与科学的生产往往是现代性在自我运动中寻求自洽性的重要环节。

针对启蒙的种种诘难，大多都集中在启蒙何以在日常生活中树立自身的权威地位的。这个问题的答案一方面来源于启蒙运动对于资本主义政治合法性的塑造，这方面在前文已经多有论述。另一方面则是启蒙观念通过科学与知识的生产对日常生活领域的统治，这一方面更加直接地树立了关于启蒙在微观领域、个体角度的权威形象，以及解释了其自身何以在社会中得到信任。启蒙的再生产通过这种科学与知识的生产构建不仅参与人们思维结构和认知结构的建立，同时也在生活空间塑造了个体的惯习。

所以，上面这种启蒙的权威并非某种强制性造就的，而是身在现代社会其中的一种自然状态。正如贝尔所说"要为现代主义下定义，必须用否定性的术语，把它当做一个包运一切的否定词"③，这一方面说明了现代主义的无所不包，使人生而处于其中；另一方面则给予了一个否定性的价值判断，即对这种包罗一切的垄断形式表达抗争。但是在实际上并非如此，

① 马克思恩格斯文集第九卷［M］.北京：人民出版社，2009：427.
② 马克思恩格斯文集第十卷［M］.北京：人民出版社，2009：668.
③ 丹尼尔·贝尔.后工业时代的来临［M］高铦，译.北京：生活·读书·新知三联书店，1989：93.

即使后现代思潮为代表的资本主义反文化和现代性的反抗者通过无数作品表达了政治、审美甚至伦理的呼吁，但仍未动摇现代性构建起来的当代资本主义经济基础。甚至资产阶级学者认为如果动摇了资本主义所赖以生存的启蒙原则建构的自由观念，那么必然会陷入专制主义，"目的说明正当性这个原则，在个人主义道德里面被认为是对一切道德的否定。而它在集体主义的道德里面却必然成为至高无上的准则"①，来为资本主义的政治建构辩护。而这种资本主义的乌托邦本质上也只是一种在知识和科学作为确定性生产阶段就开始的权力分配而已。

启蒙的生产在现代性建构自身过程中重要性的上升，以及伴随着启蒙而扩散在生活世界和全球化维度的现代性成分，有利于我们观察启蒙再生产内容的主要特征，以及这些内容接受者究竟如何通过这些原则构造自身的。

首先，现代性科学与知识带动了社会关系和社会行动模式的重组。在其中，科学与知识居于核心地位，通过改造人们日常生活的惯习解构来改变人们的交往和行动方式。几次科技革命无疑都大大地改变了整个世界的图景，更是改造了每个人赖以生存的时空规则。这不仅带来了传统社会关系的重构以及对旧的权威的消除，同时在当代生产生活实践中赋予了更强的开放性。然而，另一方面这种开放性被禁锢在科学系统或者知识系统所建构的规则之中，超越这种规则会被认为是失范行为。在这个意义上，作为人类认识能力的进步反过来讲作为个体认知限制在了一种对时空情境的适配性之中。

其次，对知识和科学参与的专门化要求通过社会脱域机制成为难以逾越的科学性规范。在吉登斯的话语体系之中，脱域意味着在高度分工和科学知识爆炸的当今时代，人们只能选择去信任专家机制和科学系统以维持

---

① 哈耶克. 不幸的观念 [M] 刘戟锋、张来顺，译. 上海：东方出版社，1991：35.

自身的社会行动。在吉登斯看来，脱域所带来的社会整合是自发性的，社会整合是一种时空意义下的社会组织过程的互动系统性，这种系统性的纽带正是个体并不能掌握全部科学或知识以达成自给自足的绝对前提。而进一步的社会系统整合就要受制于行动的历史制约，资源与规范制约。那么，科学和知识及其衍生的技术就创造了一个明显的距离，这个距离使得个体认知产生了一种关于未知规范的无条件信任，也只有通过这种信任，才能够使得正常的社会互动和认知得以进行。一方面，知识与技术的大众传统和普遍认知是经过选择的结果，人们只会关心与之实践行动相关联的内容，而这些内容大多都是经过社会选择的结果，这一点在媒介和舆论领域更加明显；另一方面，知识、科学和技术被作为真理性的社会规范参与到社会的权力分配之中，质疑或者违反一般会承担被当做失范行为的风险。

第三，知识和技术手段为社会监控提供了可能。现代性资本主义并没有放弃传统资本主义对于社会的严密监控模式，而是使这种模式更加隐秘，并且呈现出更强大的控制力。进一步的，现代性的社会监控并不仅仅作为一个单向度的体制而存在，这种监控同时依赖于法律、习俗和文化加以对个体加以约束。人们的日常行动看似是自由选择，同时在政治、文化、经济等领域享受着启蒙带来的原则权利，但这仍然被限定在业已划定的规范模式之中，人们深信不疑的价值系统和意义系统，以及赖以使用的符号系统无一不是这种监控体制的结果。监控的有效性并不依赖其强制力而实现，而是通过支配人的意义、情感和行为实现。正如贝尔所说：

> 每个社会都设法建立一个意义系统，人们通过它们来显示自己与世界的联系。这些——规定了一套目的，它们或像神话和仪式那样，解释了共同经验和特点，或通过人的魔法和技术力量来改造自然。这些意义体现在宗教、文化和工作中。在这些领域里

丧失意义就造成一种茫然困惑的局面。这种局面令人无法忍受，因而也就迫使人们尽快地去追求新的意义，一面剩下的一切都变生一种虚无主义或空虚感。①

科学与知识的生产造就了科学主义和实证主义的意识形态。"日常生活将其自身作为一个事实或现实展现出来，供人们进行诠释。并被人们在主观意义上认为是一个前后一致的世界"②。日常知识作为是行动者在日常生活互动中所形成和使用的知识，最能够体现启蒙在再生产环节所达到的普遍性和广泛性。无论是科学、知识抑或是对技术的理解，包括行动者对情景的感知和理解，都被实证主义和科学主义的理解方式所表达出来，并建构了人们的思维形式。作为一种常识性知识，"就是我与他人在日常生活中那些处于正常状态或是不证自明的例行事物上共享的知识"③，在不断经受着启蒙的合法性同化。这个过程不仅是启蒙思想通过学科化建构成为具体知识形态的垄断过程，同时是将价值无涉的知识形式转化为一种潜在意识形态的过程，它的潜在结果正是对现代性改造过启蒙具体观念的神圣化。

---

① 丹尼尔·贝尔．资本主义文化矛盾［M］蒲隆等，译．北京：生活·读书·新知三联书店，1985：197.
② 彼得·伯格等．现实的社会建构［M］汪涌，译．北京：北京大学出版社，2009：21.
③ 彼得·伯格等．现实的社会建构［M］汪涌，译．北京：北京大学出版社，2009：21.

三、当代启蒙的矛盾结构

　　启蒙的自反性就是呈现这样一种状况：现代性的蔓延及其对资本主义的不断改造，不断加剧了启蒙在形式上的实现和资本主义本质上的极权趋势的矛盾，这同样是当代启蒙的根本矛盾所在。而资本主义越是加剧这种整体性的矛盾，真正的启蒙本身就会越来越强化自身的反思能力，这依赖于启蒙实践的主体实现，即可能是批判理论家在某些方面的反复揭示，也包括在资本主义生产领域危机加剧而导致的反抗实践。在这里我们不谈论究竟哪条现代性道路才是正确的，而是着重关注现代性资本主义为启蒙带来的内在矛盾。

　　启蒙的自反性特指启蒙本身在现代性资本主义条件下的一种历史性变化，在此过程中启蒙呈现了与其诞生以来相否定的辩证法运动过程。按照辩证法的一般规律，现代性资本主义并不意味着启蒙的终结，而是通过改造启蒙内在矛盾而形成的相对平衡的体系，其中内在的根本矛盾仍未解除，而这恰恰也是资本主义建构所内在的主要矛盾，即以政治民主为代表的上层建筑虚假性为主体的矛盾。可以说，当代启蒙的内在矛盾和当代资本主义的矛盾体系是始终嵌套在一起的，并且成为资本主义自我维持的重要内容，从而形成了一定的结构。

　　首先，当代启蒙的主体散布在资本主义社会运行的各个环节，并且可以呈现为各种客观性的形式，从而在主体维度呈现出对确定性的追求和主体性之间的矛盾。在这个意义上，启蒙主体对于客观性的唤起在现代性条件下树立了自身的绝对意义，即作为资本主义运行的一个生产环节而存在。这其中，个体作为最小单位的能动者同团体、其它权力主体甚至结构一道成为启蒙主体的基本内容，它们同样都具有构成行动的启蒙赋值的功能，并且都可能通过行动去扩散这种启蒙。在现代性所改造的启蒙的二元对立中，现代必须要同过去划清界限，树立自身的特征形式，并且衍生出一系列的话语系统，正如哈贝马斯对黑格尔评价的那样：

> 黑格尔批判了自然与精神、感性与知性、知性与理性、理论
> 理性与实践理性、判断力与想象力、自我与非我、有限与无限、
> 知识与信仰等在哲学上的对峙，否则，哲学批判无法保证满足唤
> 起客观性的要求。主观唯心主义批判也就是现代批判；惟其如
> 此，现代才能确定自己的位置，从而从内部巩固自身。①

现代性使得启蒙的扩张创造了一系列在自我解释范畴之中的确定性的
生产。这种确定性是现代性利用启蒙借以巩固自身的原则体系，但在本质
上并非社会维度的真正确定性。一方面，通过对社会意识和知识的主客观
改造创造的关于社会实践和认知的自洽体系是现代性确定性的基础。这种
确定性依赖于现代性的意义体系和价值构成，从而试图制造关于“现代”
包裹一切的表征。在这种表征意识结构下，主体寻求确定性的方式就是参
与到这个脱域系统之中，并且在认知和实践中形成一定的规范形式。另一
方面，被“现代”观念囊括进的一切二元对立在对启蒙的改造中被消解，
同时通过现代性对主体性的再造来代替旧的启蒙主体。启蒙运动的年代主
题着重于解决人类从封建与宗教的愚昧状态解放出来的主体性唤起，而资
本主义胜利，尤其是进入现代性资本主义社会之后，主体性的界限就受制
于尝试、知识和价值领域的全面限制，启蒙在这个意义上成为禁锢主体性
的体制。

在马克思看来，“主体性”是人的类本质的重要部分，是人走向自由
王国的“生命性质”②。与古典哲学将其当做一种精神力量不同，马克思将

---

① 哈贝马斯. 现代性的哲学话语 [M] 刘东，译. 南京：译林出版社，2005：26.
② 马克思. 1844 年经济学哲学手稿 [M]. 北京：人民出版社，2000：57.

主体性作为一种蕴含着现实潜力的实践力量。而无产阶级主体性进一步将这种实践力量赋予了人类走向自由的直接现实性的潜能。而这也恰恰是真正启蒙所处的二元性，即自由与不自由之间抽象对立的现实道路。

其次，现代性资本主义的启蒙带来了人的生存方式的异化，形成了对于主体的人的理性主义和非理性主义的矛盾生存结构，并改造了人的经验结构。正如马克思所说，"所谓世界历史不外是人通过人的劳动而诞生的过程，是自然界对人来说的生成过程"①。人身处自然与社会之中，并且体验着作为整体的历史从而构成自我的存在，并且"人不是抽象的蛰居于世界之外的存在物。人就是人的世界，就是国家，社会"②。现代性资本主义的启蒙在某种意义上消除了具有实践感的个体，使得人身处世界的经验形式转变为一种置身于世界之外的先验形式，这样，现代性启蒙排除掉了关于人置身于世界其中的生成性参与，而是将世界作为自我感知的客观对象，正如海德格尔所说"我们久已习惯把存在与生成对立起来"③，从而将自身之于世界做出了抽象的抽离。这种主体性的压抑进一步改造了人们认知世界的方式，理性主义和科学主义的统治地位正是来源于这种对象化认知习惯的结果。

对于充满变动和可能性的世界，人在其中发挥着巨大作用，通过自身的物质和精神、文化等维度的认知和实践介入到客观世界之中，正如马克思在批判唯心主义历史观时论述的那样："这种历史观和唯心主义历史观不同，它不是从观念出发来解释实践，而是从物质实践出发来解释各种观念形态"④。在其中，人是通过感性、知性、理性、情感等等多重维度来把握世界并进行实践的，而一切迄今为止人们的实践对象，即作为结果的现

① 马克思恩格斯全集第三卷 [M]．北京：人民出版社，2002：310.
② 马克思恩格斯文集第一卷 [M]．北京：人民出版社，2009：3.
③ 海德格尔．林中路 [M] 孙周兴，译．上海：上海译文出版社，2014：332.
④ 马克思恩格斯文集第一卷 [M]．北京：人民出版社，2009：544.

代社会都被打上了人的主体行动的烙印，而这种实践感是不可单纯地用实证方法或者精确计算进行测量的，所以马克思才说人"有意识的生命活动把人同动物的生命活动直接区别开来"①。

所以，启蒙带来的理性主义和非理性主义的矛盾结构就在于：当人们用对象化的形式观察世界客观性的时候，理性主义就成为唯一合法性的认知形态，在此基础上知识的再生产也被打上了理性主义的烙印以区分是否科学，而理性之外则被作为神秘主义、宗教、荒诞派或者后现代主义被加以排斥甚至忽视。在这个意义上，现代性真正改变了人和世界的关系结构，将人与世界的实践关系割裂开来，同时将世界作为人的认知对象化，从而消除了人的主体实践本质，正如马克思批判的那样"哲学不是在世界之外"②，"人不是抽象的蛰居于世界之外的存在物。人就是人的世界"③。

第三，工具理性带来的启蒙工具化改造了启蒙的本质表达，造就了启蒙本质原则和工具化实践之间的矛盾。简而言之，在现代性资本主义社会中，主体对认知或实践对象的判断是基于一系列方法与认知基础的，而就类似于司法实践中的程序正义和价值正义会产生矛盾一样，被改造的启蒙很可能会与真正的启蒙原则发生冲突，这点尤其在法律制定、关于种族、性别等等社会冲突、处理阶级阶层利益的政策实践中发展出来。启蒙思想一方面要求祛除神话，另一方面则要求保证作为主体的人的真正自由与平等。而现代性造就的则是"被启蒙摧毁的神话，却是启蒙自身的产物……如同神话已经实现了启蒙一样，启蒙也在一步步地卷入神话"④ 的关于现

---

① 马克思恩格斯全集第三卷［M］. 北京：人民出版社，2002：273.
② 马克思恩格斯全集第一卷［M］. 北京：人民出版社，2002：220.
③ 马克思恩格斯全集第三卷［M］. 北京：人民出版社，2002：199.
④ 霍克海默，阿多尔诺. 启蒙辩证法［M］渠敬东、曹卫东，译. 上海：上海世纪出版集团，2006：4-5.

代性的重新专制，以及人的"纯粹的生存都被表达为它禁止的意义"① 的现代性极权牢笼。

启蒙工具化意味着启蒙本身被工具理性改造成为符合现代性的有限理性的价值标准，从而使得启蒙的对象发生了关键的转变，一种旨在进行社会历史领域改造的思想呼吁让位于个人价值追求和实践规范的限制性领域。这种转变意味着启蒙从一个对社会整体的批判转变为约束性的法则，同时也使得工具理性附带了意识形态色彩，即种种批判形式的对象不再是阻碍生产力发展和社会进步的上层建筑和生产关系本身，而是维持社会稳定的自我规范。所以哈贝马斯认为对于科学技术所带来的工具理性而言，"我们有充分的理由证明它们具有范式的特征，但是，想要充当进步概念和进化概念的范式，就必须从启蒙或实证主义的角度对科学和技术加以评价，也就是说，必须把科学和技术看做是解决问题的有效机制，它们对于人类的历史具有重要意义"②。那么在现代性资本主义的体制下，工具理性毫无疑问的就是充当了改造启蒙的使命，使启蒙理性的考察对象从社会历史转向生活世界，并使其模式从批判性转向为维持性。这样，启蒙原则就不可避免的会与启蒙的种种产品产生冲突或矛盾。

启蒙从一种批判者身份向维持资本主义统治合法性的基础的转变，内在地包含了启蒙随着工具理性意识形态化的事实。启蒙理性在现代性中的滥用很大程度上是为了满足资本主义意识形态再生产的有效机制。启蒙的工具化意味着理性及其现实构造取得了现代性的独占权，并且连接知识、技术、教育与生产方式，"社会控制的现有形式在新的意义上是技术的形式……由此便出现了一种单向度的思想和行为模式。在这一模式中，凡是

<hr>

① 霍克海默，阿多尔诺.启蒙辩证法［M］渠敬东、曹卫东，译.上海：上海世纪出版集团，2006：21.
② 尤尔根·哈贝马斯.交往行为理论第一卷［M］曹卫东，译.上海：上海人民出版社，2004：151.

其内容超越了已确立的话语和行为领域的观念、愿望和目标，不是受到排斥就是沦入已确立的话语和行为领域"①，这种总体化将工具理性赋予了意识形态色彩，并且通过启蒙使之成为牢不可破的信条。

第四，在资本主义基本的理念构成中，对于形式平等的追求通过资产阶级法律得以实现，同时造就了自由主义经济体制下的事实不平等，而资本主义的国家调控以及经济民主化改革同时侵害了私有制为基础的现代启蒙理念从而形成的矛盾。这意味着资本主义体制的天然缺陷，平等主义倾向本质来说是对资本主义制度原则的一种破坏，同时事实上也等于质疑了资本主义数百年来建立的自由主义经济分配关系，所以在资本主义体制之下这是根本无法实现的。在这个矛盾中，启蒙本质所内在的平等观念被资本主义自由经济体制解读为机会平等而不是资源平等，从而决定了这种观念的资本主义化。那么，经济民主体制在不触及资本主义自由经济的根本原则之下也仅仅通过分配领域的小修小补来缓和社会的财富分化和阶级矛盾。在施韦卡特那里，更是变成了一种在企业内部的分配改造实验。正因为资本主义本身的制度规范的限制，所以"生产方式便不再是历史唯物主义视域中的基本概念，而是企业运行维度上的一个概念。经济民主制也不再是历史唯物主义视域中的诉求目标，而只是企业管理或企业发展维度上的一个预期目标"②，而作为企业主体而言，这种理论的实践并不涉及可持续性、社会关系以及政治方面的因素，从而在追求利润的主体那里更加难以实现。改良者们对这种规范深信不疑并且并不试图摆脱这种启蒙的限制，这也就是他们无法突破资本主义本身的制度框架去走进社会主义、马克思主义的原因。

本质上，资本主义自由平等的现实制度架构对启蒙的偏离正是根源于

---

① 马尔库塞.单向度的人［M］刘继，译.上海：上海世纪出版集团，2006：10-12.
② 唐正东.当代资本主义新变化的批判性解读［M］.北京：经济科学出版社，2016：328.

资本主义生产方式所带来的低效化和虚假平衡，"谈论自由的、人的、社会的劳动，谈论没有私有财产的劳动，是一种最大的误解"说明了马克思主义并不是从伦理学意义、抽象角度上讨论自由和平等问题，也从来没有将自由平等作为人的抽象追求。人们生产出的产品及其所在的生产关系才是决定人处在的社会地位的根本准绳。所以，"当文明一开始的时候，生产就开始建立在级别、等级和阶级的对抗上，最后建立在积累的劳动和直接的劳动对抗上……生产力就是由于这种阶级对抗的规律而发展起来的"①。所以，现代性的启蒙话语所导向的种种关于自由和公正的矛盾本质上都是资本主义内在矛盾的作用。

　　在现代性资本主义的自我运行之中，即使可能出现齐泽克所说的"意识形态幻想"，即意识形态不可能完全地将自身内化进人们的日常行为之中，"总有某些创伤性的'剩余'粘在这种内化的过程中"②，然而更重要的在于资本主义可以"不停地发展是它反复解决其根本的构成性失衡，并与之达成妥协的唯一方式"③。齐泽克意在宣称当代资本主义本身就内在着其基本矛盾，这在某种意义上同哈贝马斯对重建交往形式的改造在关于资本主义基本矛盾的判断上是有相似之处的，而且两者同时都忽视了马克思主义关于剥削剩余价值是资本主义存在根基的决定性论断。这告诫我们必须在讨论现代性带给启蒙的种种消极改造时，不能简单地认为意识形态统治的内在化和总体化，以及生产关系中的启蒙改造能够完全消解资本主义的统治基础，相反，正如齐泽克仍然坚持用列宁主义的方针来组织革命政党作为反抗资本主义的实践方式一样，启蒙在 18、19 世纪并不仅仅是一种思想而存在，更重要的是以一种运动的信条而指导实践，那么对当代启蒙

---

　　① 马克思恩格斯全集第一卷 [M]. 北京：人民出版社，2002：103-104.

　　② 唐正东. 当代资本主义新变化的批判性解读 [M]. 北京：经济科学出版社，2016：187.

　　③ 齐泽克. 意识形态的崇高客体 [M] 季广茂，译. 北京：中央编译出版社，2002：73.

的种种批判也应如此，正如马克思所说：

　　把占统治地位的思想同进行统治的个人分割开来，主要是同生产方式的一定阶段所产生的各种关系分割开来，并由此作出结论说，历史上始终是思想占统治地位。这样一来，就很容易从这些不同的思想中抽象出'思想'、观念等等，并把它们当做历史上占统治地位的东西，从而把所有这些个别的思想和概念说成是历史上发展着的概念的"自我规定"。在这种情况下，从人的概念、想象中的人、人的本质、人中能引申出人们的一切关系，也就很自然了。思辨哲学正是这样做的。①

① 马克思，恩格斯．德意志意识形态［M］．北京：人民出版社，2003：45.

第二部分　马克思主义的启蒙话语

第四章 马克思对启蒙构造的反思

在康德那里，我们又发现了以现实的资产阶级利益为基础的法国自由主义在德国所采取的特有形式。不管是康德还是德国市民（康德是他们的利益的粉饰者），都没有觉察到资产阶级的这些理论思想是以物质利益和由物质生产关系所决定的意志为基础的。因此，康德把这种理论的表达与它所表达的利益割裂开来，并把法国资产阶级意志的有物质动机的规定变为'自由意志'、自在和自为的意志、人类意志的纯粹自我规定，从而就把这种意志变成纯粹思想上的概念规定和道德假设。①

一、马克思启蒙观形成的背景

马克思曾经说过，"理论在一个国家实现的程度总是取决于理论满足

---

① 马克思恩格斯全集第三卷［M］. 北京：人民出版社，2002：213.

于这个国家的需要的程度"①。17 世纪以来的启蒙思想家无一不是为了创造人类社会全新的面貌而确定自身的理论旨趣的，而这些理论对于世界的把握程度是和资本主义发展的程度密切相关的。以卢梭、伏尔泰、孟德斯鸠为代表的启蒙政治学家倡导天赋人权，认为人人生而平等、思想自由，并且需要受到社会契约的政治保障；以笛卡尔、康德、黑格尔为代表的启蒙哲学家继承了宗教改革的成果，论证了人拥有自由和理性的正当性，并且同样引向了保障自由和理性的政治诉求；斯密和李嘉图为代表的古典政治经济学家则从现实人追求出发，将自由的市场经济作为启蒙的最终落脚点。经过数个世纪的努力，人们从中世纪的封建和宗教统治中彻底解放了出来，获得了自由和理性，发展资本主义民主政治、市场经济和社会规范，并将其认为是人类社会发展的自然形式，时至今日，相当数量的人仍旧认为资本主义就是"历史的终结"的观点。

随着资本主义的进一步发展，启蒙运动的思想成果逐渐随着资本主义的完善而变成现实。资本主义国家建立了将自由、平等和民主写进了宪法，建立了完善的法律和市场经济体制。科学技术的飞速发展为理性提供了新的信仰支撑，人类征服自然和改造世界的自信心空前高涨，科学和理性的话语成为唯一的权威准则。在日常生活中人们摆脱了宗教和迷信，带动了一切的科学化和理性化的进程。启蒙思想的深入人心，使得人们将自我本质归结为理性，并且享受着制度带来的抽象自由。现代的社会体制纷纷建立，工业革命带来了巨大的社会变迁，共同体的机械团结被现代社会的有机团结所取代，人和人之间的依赖进一步加深。

然而，以资本主义为中轴的现代社会一诞生就迎来它的批判者，空想社会主义起初作为启蒙思想的一部分作为对旧秩序的反对者而存在，并且很长一段时期它甚至是资本主义民主思想的同盟。但自从工业革命以来资

---

① 马克思恩格斯文集第一卷［M］．北京：人民出版社，2009：12．

本主义根本矛盾随着其本质结构的展开，批判社会不平等及其背后的生产无政府状态就成为空想社会主义的重点，然而他们的理想社会结构仍然是个人主义的，"欧文的公社与傅立叶主义者的公社一样，似乎不仅没有证明社会主义的可行性，反而证明了自由主义—功利主义的说法：人在根本上是受自身利益所驱使"①，其中还掺杂着个人主义、无政府主义以及对和平过渡的幻想。但无论如何，空想社会主义者也充分证明了资本主义社会绝非是人人自由平等的乌托邦，他们为马克思主义的启蒙批判奠定了坚实的基础。正如马克思批判的那样，"从工人运动成为现实的时刻起，各种幻想的乌托邦消逝了——这不是因为工人阶级放弃了这些乌托邦主义者所追求的目的，而是因为他们找到了实现这一目的的现实手段，取代乌托邦的，是对运动的历史条件的真正理解以及工人阶级战斗组织的力量的日益积聚"②，只有现实的历史前提充分具备并且被人们认识到，真正打破启蒙的神话才具备了可能。

二、马克思对启蒙的基本态度

与以往所有的启蒙思想家不同的是，马克思从思维方式的形而上学到对待现实政治社会的态度都是批判性的。"怀疑一切"始终是马克思的方法信条。面对发展成熟的资本主义社会，马克思在肯定了启蒙运动带来的观念、政治和现实的进步的同时，认为资本主义并没有带来真正的解放，而是进入了一种全新的压迫和剥削模式，人类仍旧处于受到物支配的史前史时期。由于真正观察到了资本主义现实背后的本质，马克思形成了对启蒙完全不同的态度。

① 罗兰·斯特龙伯格.西方现代思想史［M］刘北成、赵国新，译.北京：金城出版社，2012：271.
② 马克思恩格斯选集第三卷［M］.北京：人民出版社，1995：108.

  首先，马克思对启蒙的态度是立足于对现实社会实践领域，而没有停留在抽象领域，呈现了唯物主义本体论立场。马克思所关注的并不是启蒙思想家学说的细节或者逻辑错误这样的形而上学，而是直接立足于作为启蒙运动现实后果的人的生存、实践以及市民社会和资本主义生产关系。启蒙运动是一个范畴巨大的历史改造，涉及到了人的思维方式，哲学与宗教观念以及人们的世俗生活和社会结构，并不仅仅停留在德国古典哲学那样的概念领域。马克思认为"德国的破坏性批判，在以费尔巴哈为代表对现实的人进行考察以前，力图用自我意识的原则铲除一切确定的和现存的东西，而法国的破坏性的批判则力图用平等的原则来达到同样的目的"①，说明了古典哲学中的启蒙平等也就是法国启蒙精神的抽象表达，从而为形而上学的启蒙赋予了现实本质。说明了马克思在面对启蒙思想的自我意识概念时，并没有将其停留在康德或者黑格尔改造宗教神学般的抽象合法性和自我确证的逻辑统一上，而是直接将自我意识上升成为现实实践领域中的平等观念。即使马克思的博士论文仍然带有强烈的捍卫抽象自我意识的色彩，但在涉及与市民社会和物质生产的关系的时候，马克思已经敏锐地意识到将抽象理性作为哲学立场的方法无法解决现代国家的现实。这意味着一旦进入社会现实领域，黑格尔那种需要通过理性来评判现实社会关系的方法就需要被倒转。在《关于林木盗窃发的辩论》中，马克思已经敏锐地意识到了这种关于国家和法的现实问题无法在抽象概念中得以解决，这个时期意味着黑格尔哲学所建构的法权理念已经在资本主义制度的不断落实中受到强烈的冲击。在马克思之后的观点中，"以'自我意识'为基础的理性和人道绝对原则面临'物质利益'，已经摇摇欲坠了"②，马克思就是在这时完成了从黑格尔主义者向唯物主义者的转向，将现实的生产关系和

---

① 马克思恩格斯全集第二卷［M］. 北京：人民出版社，1957：48.

② 罗骞. 论马克思主义的现代性批判及其当代意义［M］. 上海：上海人民出版社，2007：42.

阶级关系作为国家和法权的基础。

其次,马克思建构启蒙观点是基于批判主义的方法,倡导破除旧形而上学的宏大理论,构成了现代性批判的视野。启蒙运动以来的理论,尤其是古典哲学理论都致力于建立对世界整体的解释体系,在资本主义刚刚兴起的年代,这种非批判性哲学往往带有保守与宗教的色彩,旨在追求某种纯粹形而上学的绝对意义。这些哲学不仅成为了启蒙不彻底性的一种理论表现,也成为了遮蔽人的自我异化的意识形态工具,所以马克思旗帜鲜明的以怀疑和批判作为他哲学的基调。在批判黑格尔哲学的过程中,马克思认为"尽管《精神现象学》在开始的时候,奠定了否定性和革命性的基调,但是发展到后来批判性的东西往往被非批判性的东西取代"①,只有彻底发挥辩证法的革命性,才能进行彻底的批判。所以我们看到,马克思的哲学批判不仅仅停留在对古典哲学和启蒙政治学的抽象理论探讨上,而是深入到人的社会现实性和实践本质中,从实践基础展开对宗教、哲学和政治的批判;也没有停留在资本主义的制度框架内进行改良,而是深入到资本主义根本矛盾的政治经济学领域内,从生产力和生产关系的矛盾中进行革命性的批判。在对旧的宏大理论进行批判的基础上,马克思认为哲学批判的任务恰恰应该是通过"批判的武器"带来"武器的批判",从而决定了马克思哲学的强烈现实指向和社会关照。马克思认为,批判的目的并不是为了打倒旧理论,而是"把实际斗争作为我们批判的出发点,并把批判和实际斗争看做同一件事情"②,将哲学的批判不仅仅当做是一个理论任务,更重要的则是一种实践任务,它要求对一切牢不可破的东西进行怀疑,只有获得"感性的现实性、现代性、世俗准则"③ 才可能对现实社会

---

① 杜娟.从现代性境遇看马克思思想中的实证科学问题,马克思主义与现实 [J].2017 (6):26.

② 马克思恩格斯文集第十卷 [M].北京:人民出版社,2009:8-9.

③ 马克思恩格斯文集第一卷 [M].北京:人民出版社,2009:37.

进行准确的认识。这对于马克思展开对启蒙理性和资本主义民主这种在 19 世纪之前被看做是毋庸置疑准则的批判奠定了理论基础。

第三，马克思将资本主义作为启蒙的现实后果，并认为其背离了真正的启蒙精神，体现了马克思在社会历史领域的辩证法运用。对于早期马克思的思想而言，不成熟的自我意识理论始终贯穿在他的理论批判中。这种对黑格尔辩证法的充分应用更加彻底地确立了人的自我意识的核心地位，并认为上帝为代表的宗教世界的生活与证明都只是作为自我意识的绝对确证而存在，"不应当有任何神与人的自我意识相并列"①，并以此进一步推崇现代理性和人的自由权力。在这个时期，马克思仍旧是一个典型的启蒙主义者，接受着黑格尔哲学，但是比黑格尔利用辩证法更加彻底，从而也就具有了更加强烈的无神论底色和革命性，这也为马克思转向一个彻底的唯物主义批判哲学家打下了基础。可以说，马克思思想的形成是从继承启蒙思想的最先进部分开始的。

马克思从《黑格尔法哲学批判》出发开始展开对整个启蒙运动的后果进行反思，这是马克思在哲学史上跨出的一大步：他并没有像其他启蒙思想家那样仅仅立足于启蒙精神对宗教与封建的旧世界进行进一步的批判，而是进一步地开始直面启蒙运动本身，重新审视看似无可争议的启蒙原则及其现实建构，"要从理论上和实践上对现代社会本身进行批判"②，即将资本主义作为他的批判对象。

《论犹太人问题》代表着马克思与传统启蒙思想家启蒙观的真正分野，这篇文章意味着马克思真正将对启蒙精神的追求和作为其后果的资本主义的追求区分开来。鲍威尔认为，"在法国，普遍自由还未成为法律，犹太人问题也还没有得到解决，因为法律上的自由——公民一律平等——在生

---

① 马克思恩格斯全集第一卷 [M]. 北京：人民出版社，1957：12.

② 罗骞. 论马克思主义的现代性批判及其当代意义 [M]. 上海：上海人民出版社，2007：57.

活中受到限制，生活仍然遭到宗教特权的控制和割裂"①，由此法国还不能称作是一个真正意义上的现代国家，而只有在政治上废除宗教，才可能使国家达到解放。马克思敏锐的观察到了鲍威尔所提倡的"政治解放"并非是真正的解放，认为仅仅废除宗教、建立资本主义的制度就可以带来真正的解放是错误的，这证明了马克思已经摆脱了传统启蒙思想家持有的态度：建立世俗国家和民主制度就是真正的解放。马克思认为那只是资本主义意义上的解放，真正的解放应当是与对人的解放联系在一起的，是进入到私有制问题上的讨论。这样，马克思在书中得出了重要的结论，"国家是以自己的方式废除了出身、等级、文化程度、职业的差别。尽管如此，国家还是让私有财产、文化程度、职业以它们固有的方式，即作为私有财产、作为文化程度、作为职业来发挥作用并表现出它们的特殊本质"②，认为资本主义政治社会并没有在真正意义上实现了启蒙精神所呼吁的完全的平等和自由，而是陷入到了重新被以资本为核心建构起来的差别关系，即阶级关系，与真正的启蒙背道而驰。在这里，马克思仍然是一个饱含着启蒙理想的哲学家，也正因为如此，科学社会主义才作为人类社会发展的前景成为真正启蒙精神的追求。

三、马克思启蒙批判的逻辑维度

马克思的启蒙批判和启蒙运动对现代社会的塑造一样是全面而彻底的。随着资本主义和工业革命的进一步发展，将资本主义作为一个总体进行批判已经成为可能，以《共产党宣言》为标志，这种涵盖哲学、政治、经济、文化的全面批判也意味着马克思主义的彻底诞生。马克思并没有局

---

① 马克思恩格斯文集第一卷 [M]．北京：人民出版社，2009：24.
② 马克思恩格斯文集第一卷 [M]．北京：人民出版社，2009：30.

限在对启蒙思想和哲学的批判，而是直接指向一种现实社会实践的启蒙后果批判。在这个意义上，马克思主义不仅带来了又一轮启蒙的思想解放，更是为真正启蒙的现实解放创造了前提。正如科尔施对马克思评价的那样，"首先，他要通过经济学批判了宗教；然后，他通过政治批判了宗教和哲学；最后，他通过经济学批判了宗教、哲学、政治和所有其它意识形态"①，充分说明了马克思主义的启蒙批判是一个有机的逻辑整体，同时又具有着鲜明的现实指向。

马克思将理性批判作为启蒙批判的历史起点。与马克思主义政治经济学批判不同的是，马克思并没有从现实的生产关系出发去批判启蒙，而是从对理性的祛魅开始重新审视启蒙遗产的。在博士论文中，作为一个黑格尔主义者的马克思确立了将自我意识作为人存在绝对性的观点，而对于这个观点的动摇恰恰是他在思索现实国家权力和理性谁占据支配地位的问题开始的，也就是从对理性绝对性的怀疑问题开始的。马克思的理性批判是和他的唯物主义思想的形成亦步亦趋的。马克思并没有将理性视为一种绝对法则或者先验真理，而是将其视作现实社会历史发展到一定阶段的产物，又作为一定社会、政治和文化的意识形态反映。这样，传统理性观那种"纯粹的、永恒的、无人身的理性"② 变成为了现实社会文化建构的理性，这种从形而上学到现实的过程实现了马克思将启蒙思想从天国下降到人间的目的，并且打破了理性和自由民主关系的绝对性。

从某种意义上讲，马克思并不完全反对理性，而是反对对理性的神化和滥用。大多数启蒙思想家将理性过分地抬高，为其赋予了绝对性，从而得出了理性为一切立法的观点，并且将其当做人们认识世界和作出判断的方法准则。一方面，这种理性的滥觞在启蒙运动时期带来了强烈的世俗化

---

① 科尔施. 马克思主义与哲学 [M] 王南湜、荣新海，译. 重庆：重庆出版社，1989：44.
② 宋伟. 批判与解构：从马克思到后现代的思想谱系 [M]. 北京：人民出版社，2014：163.

的功利主义色彩，将充分运用自我理性作为个人追求现实幸福的根本方法，为这种追求赋予了抽象人性的合法性，从而带动了对资本主义追求的实践基础。这代表了"当时法国的新兴资产阶级的有正当历史根据的哲学幻想"，是"符合当时的剥削形式"①的。从而实现了资本主义和理性互证的绝对化。另一方面，理性标准及其外化的指标成为社会秩序和社会标准的制定者，带来的生产模式、组织方式、思维方式重构了现代社会，成为资本主义不言自明的意识形态。这种外化丧失了启蒙精神固有的批判性，正如《德意志意识形态》中马克思恩格斯指出的那样，"大工业……它是自然科学从属于资本"②。这一点被西方马克思主义批判理论进一步发挥，认为理性走向了自身的反面，充满着"妄想、欺骗或'合理化'"③，成为一种非理性，甚至成为一种监控和统治手段。马克思科学地预见到了理性在资本主义框架内成为一种统治工具的后果，但他仍没有完全地拒斥理性。在马克思对启蒙理性的观点中，既存在着理性批判，也肯定理性在社会进步、阶级斗争、科学发现等领域的重要作用的内容，也由此体现着马克思对于理性与资本主义的辩证态度。

身体批判是马克思启蒙批判的又一个哲学向度。身体往往是在马克思思想中被忽视的内容，然而在启蒙思想的语境中，身体呈现着重要的意义：在启蒙思想家不断倡导抽象的自我意识对宗教信仰的代替时，就潜在地存在着将人视作抽象的精神个体的倾向，这是与西方哲学传统中对身体地位的贬低和对精神的强调分不开的。这种人性定位虽然在反对封建神学上起着积极作用，但是其倡导的抽象自由仍然是作为人性的唯心主义诠释

① 马克思. 转引自宋伟. 批判与解构：从马克思到后现代的思想谱系 [M]. 北京：人民出版社，2014：173.

② 马克思恩格斯文集第一卷 [M]. 北京：人民出版社，2009，566.

③ 霍克海默，阿多尔诺. 启蒙辩证法 [M] 渠敬东、曹卫东，译. 上海：上海世纪出版集团，2006：99.

方式表达着资产阶级启蒙的不彻底性，从而割断了现实的物质劳动生产所带来的现实社会阶级关系。

一方面，通过批判古典哲学中对人的本质抽象化的理解，马克思从现实的社会关系中定义人。黑格尔将人定义成为抽象的、理性的人，从而将具体的、感性的人彻底排斥。他指出"要表明自我身为自我意识的纯粹抽象，这在于指出它自身是它的客观形式之纯粹的否定，或者在于指出它是不受服于任何特定存在的，不束缚于一般存在的任何个别性的，并且不束缚于生命的"①。所以马克思认为"人性，就表现在它们是抽象精神的产品，因此在这个限度内，它们是精神环节即思想本质"②，来批判黑格尔将物质的感性的关系作为偶然性与否定对象的错误，同样这种形式下是难以得到真正的"人"的。进而，"人有现实的、感性的对象作为自己的本质的即自己生命表现的对象"③。人的现实性就有了对象化的客体。在马克思这里，人的本质的规定从个体与绝对理性的一致转化为个体与其现实关系的总和，这样人自然的本质的能动性主体就从人的思维变成了人的身体。对身体的重视，对人的规定中对象性的重视，直接指向了个体通过身体的完成的对象性的、现实的实践——劳动。

另一方面，通过批判身体在现实中的丧失，马克思发展出了剩余价值的政治经济学批判。在将黑格尔的主奴辩证法改造为资本家-工人构成的主奴辩证法中，工人表现为是自己肉体的（即身体的）主人。作为工人而言，"他首先是作为工人，其次是作为肉体的主体，才能够生存。这种奴隶状态的顶点就是：他只有作为工人才能维持自己作为肉体的主体，并且只有作为肉体的主体才能是工人"④，就将工人的身体本身与其劳动密切的

① 黑格尔.精神现象学（上）[M]贺麟、王玖兴，译.北京：商务印书馆，1979：142.
② 马克思.1844年经济学哲学手稿[M].北京：人民出版社，2009：97.
③ 马克思.1844年经济学哲学手稿[M].北京：人民出版社，2009：97.
④ 马克思.1844年经济学哲学手稿[M].北京：人民出版社，2009：49.

关联了起来。工人被当做是肉体的存在，而非精神的存在，在其中劳动与对价值的创造是依赖于肉体的，而不是依赖于精神的，只有现实的身体才建构起工人这一社会关系的一方面。而对于劳动者本身来说，他们除了拥有这个身份，便一无所有了。因为本质上工人的肉体并不是他自己所拥有的。资本家通过将劳动力的工资从购买劳动力本身掩盖成为对劳动者劳动时间的购买，使得工人看起来掌握了自己身体的所有权，实则当他们拥有工人这个从属于资本主义生产关系之中的身份时，就已经丧失了他自身。马克思以劳动为核心建构的这样一种主奴辩证法，将工人的现实的、身体的劳动置于逻辑的核心地位，并且通过剩余价值学说同时揭示了工人身体的丧失。这一方法就使人的现实的，而非抽象的对自由的追求成为一种可能。

在这个意义上，马克思的身体批判是突破传统启蒙思想的重要步骤，为其立足于现实资本主义社会的政治经济学批判打开了大门，破除了资本主义的抽象人性王国。

马克思的政治经济学批判是整个马克思批判理论的核心环节，也正是从政治经济学批判中，马克思通过剩余价值学说揭示了资本主义生产的本质，从而彻底揭开了资本主义社会的反启蒙性。资本主义生产力的发展带来了对无产阶级压迫的不断加深，资本家剥削劳动者的剩余价值就表现为将对劳动者本身的占有伪装成仅仅对他们劳动时间的占有。在这里马克思继续在政治经济学中的身体批判，只有资本家彻底占有劳动者的身体，才可能真正占有劳动者的劳动本身。而工资表现为对劳动时间的购买的形式，从而完成了对工人自我与劳动密切关系的剥离。这就意味着在劳动者那里，其作为个体本质的现实身体仍然处于被奴役的状态，这显然是以及被伪装成为抽象的、形式上的资本主义民主自由外衣，这使得马克思发现了资本主义生产方式使得身体从被精神所奴役转向成为被现实的生产关系所奴役。

在此基础上，马克思强烈地批判了资本主义制度鼓吹的民主自由，马克思恩格斯认为对工人阶级剥削的日益加强、阶级差距和矛盾不断加大是形式上的民主自由无法掩盖的。资本主义政治上层建筑是被建构起来为资产阶级服务的。这种合法性来源于启蒙思想对于私有财产权的呼吁，认为对私人财产的追求是个体解放的表达，而建立资本主义制度就是为了对其进行保护。马克思批判了资本主义由抽象的观念代替现实的阶级统治的自然主义政治启蒙的现实，认为如果不全面地把握人，就无法认清资本主义的真面目。换句话说，马克思的政治经济批判实际上也是一种对启蒙思想中人性观的全面批判和发展。

恩格斯曾经说过"自从蒸汽和新的工具机把旧的工场手工业变成大工业以后，在资产阶级领导下造成的生产力，就以前所未闻的速度和前所未闻的规模发展起来了"[1]，用来阐述科学技术进步带来的巨大社会变迁。马克思主义认为一定的科学技术对应着一定的生产力，也就对应着一定的生产关系和社会关系。作为理性主义的产物，科学技术也是被马克思称赞的对象，认为它"是进步的动力"[2]。科学技术的发展使人们不断拓展对自然认识的广度和深度，使康德口中的自在世界不断被摧毁，取而代之的则是启蒙自信的膨胀。科学技术及其社会后果的影响是深远的，正如海德格尔认为的决不能将其看做是"人的工具或人的行为"[3]，而是与现代性和资本主义紧密相关的，这就决定着它是马克思启蒙批判的一部分。

首先，马克思批判了科学技术的发展对阶级矛盾的激化。工业革命带来了资本主义的飞速发展，也带来了工人的集中和阶级结构的二元性。工业"一方面分化出富有的资本家，另一方面分化出贫穷的工人"[4]，并且随

---

① 马克思恩格斯选集第三卷 [M]．北京：人民出版社，1995：618．
② 马克思恩格斯选集第三卷 [M]．北京：人民出版社，1995：102．
③ 许良．恩格斯现代性思想批判研究 [M]．上海：上海财经大学出版社，2016：141．
④ 马克思恩格斯文集第一卷 [M]．北京：人民出版社，2009：406．

着技术的发展创造大量的失业者和无家可归者。生产关系和社会关系随着资本有机构成的提高不断重组，带来了"一切社会状况不停地动荡"①，资本才可能不断的增殖，所以工人作为生产劳动主体的本质不会改变，工人愈来愈穷的状况也不会发生改变。

其次，马克思批判了科学技术作为资本主义统治方式的政治属性。恩格斯认为，"要消灭这个不断重新产生的现代工业矛盾，就只有消灭工业的资本主义性质才有可能"②，将科学技术与生产关系结合起来，深刻揭示了科学技术造成的社会矛盾本质是资本主义制度造成的。资本主义社会制度歪曲了科学技术的属性，将其从工具理性扭曲成为一种价值理性。许多西方马克思主义者将当代人的生存称作是"空洞的主体性"③，形象地说明了当代人的主体被资本主义生产生活、社会秩序的准则同化。科学技术本来不具备价值属性，但是资本主义对于技术的社会应用带有强烈的政治属性，并将科学技术打上了意识形态的烙印。正如马克思认为的那样，生产方式的规定性是社会关系规定的前提和基础，那么按照精确化技术模式组织起来的生产条件和生产关系使得技术成为一种涵盖大众思维、伦理、日常生活的巨大的社会化力量。正如马尔库塞批判的那样，科学技术使得资本主义国家将"掌握了科学和技术的工业社会之所以组织起来，是为了更有效地统治人和自然"④。

第三，马克思批判了科学技术带来的人的异化。马克思认为"因为全部人的活动迄今为止都是劳动，也就是工业，就是同自身相异化的活动"⑤，表达了工业文明条件下人对于其类本质异化的理论起点。在此基础

① 马克思恩格斯选集第一卷 [M]．北京：人民出版社，1995：275.
② 马克思恩格斯选集第三卷 [M]．北京：人民出版社，1995：646.
③ 斯尔丹·勒拉斯．科学与现代性 [M] 严忠志，译．北京：商务印书馆，2011：304.
④ 马尔库塞．单向度的人 [M] 刘继，译．上海：上海世纪出版集团，2008：15.
⑤ 马克思恩格斯全集第三卷 [M]．北京：人民出版社，2002：206-207.

上，马克思通过分析技术对于人的本质的展现，尤其在《资本论》论述到工人受到机器的压抑问题时，阐明了资本随着技术手段的发展加深了自身增殖的力量，打通了关于劳动异化和技术异化的观点。

20世纪的批判理论家将技术异化的后果拓展到了社会领域，认为科学技术的发展看似使人们把握社会自然能力不断的增强，但技术逐渐脱离人变成控制人的异己的力量，使人"臣服于机械的苛求"①。资本通过技术手段对社会各领域全面侵蚀不仅加深了劳动异化，同时消除了人的批判性思维、树立理性化的资本原则、建立了物体系、加深了对自然界的征服形成了技术异化、社会异化与自然异化的复合结构，使得资本主义社会技术统治不断加深。

四、马克思是真正的启蒙继承者

即使马克思对启蒙思想及作为其现实后果的资本主义抱有强烈的批判态度，但是这并不意味着马克思是一个反启蒙者。相反，对于启蒙思想的真正把握使得马克思继承了启蒙的真正精神。马克思并没有对启蒙进行全盘的否定，而是对启蒙思想的核心进行了辩证的扬弃，从而继承了真正的启蒙精神，这可以从对马克思主义与启蒙思想的辩证关系中把握。

马克思利用辩证唯物主义对启蒙的绝对理性进行扬弃，实现了理性与感性的实践统一。启蒙思想中的绝对理性呈现抽象性、先验性的特征，构成的理念世界成为新的"上帝"去支配现实生活。这样，对于世俗的认识和把握都需要通过绝对理性去解释和认可，形成了唯心主义的世界观和认识论模式。启蒙精神所倡导的打破上帝之城、回归世俗社会在古典哲学中并没有彻底完成，由于古典唯心主义不彻底的启蒙并没有将上帝完全的排

---

① 舒尔曼. 科技文明与人类未来 [M] 李小兵等，译. 上海：东方出版社，1995：69.

除在外，所以绝对理性仍然作为神学的意义而存在着。现代社会以来，理性主义的滥觞带来的是人类思维和认识标准的绝对化，绝对理性呈现为技术理性的形式继续统治。理性的权威性从代表上帝到代表真理始终成为超越其本身意义的形而上学，是人们的自由意志始终处于理性牢笼之中，进而演化成为资本主义社会的理性构造。

理性带来人类认识能力的割裂压抑了人们思想与实践的自由本质。马克思主义要求从现实存在的感性出发，从经验事实出发去认识事物，将理性和感性同样作为把握世界的环节，打破理性的形而上学的支配。这不仅仅使人们的目光投入到了现实的生活世界，而且促成了人们认识世界方式的实践性变革。在马克思看来，"意识在任何时候都只能是被意识到了的存在，而人们的存在就是他们的现实生活过程"① 才真正正确把握了理性与世俗社会的关系。"不是意识决定生活，而是生活决定意识"② 将理性的土壤彻底植根于现实的基础中。只有将目光彻底地投向人们的感性实践，才可能发现被忽视了几千年的现实的物质生产实践才是人类社会存在的基础这一事实。在这个基础上，马克思所确立的辩证唯物主义认识论和实践论才真正扬弃了绝对理性，将理性纳入到人们现实的认识实践过程中，完成了感性与理性在实践基础上的统一。

马克思利用劳动理论对启蒙的抽象人性进行扬弃，实现了人的抽象与现实本质的统一。启蒙的抽象人性在一定程度上实现了对个体自由的解放，但这种解放并没有基于现实的社会物质生产条件基础上，从而呈现了空洞和虚假的本质。对于抽象人性的强调，忽视了资本主义生产方式所带来的现实的阶级差别，从而抹杀了剩余价值生产为核心的资本主义剥削的实质。迄今为止的资本主义政治制度的民主自由理念，都是在这种抽象人

---

① 马克思恩格斯文集第一卷 [M]. 北京：人民出版社，2009：525.
② 马克思恩格斯文集第一卷 [M]. 北京：人民出版社，2009：524.

性基础上架构的，启蒙运动呼吁所带来的现实政治成果并没有建立在现实的劳动基础上，而是被认为是黑格尔式的伦理和精神意义。

马克思批判了这种上层建筑的空中楼阁，认为劳动作为共同体存在和发展的核心环节，关系着人的真正自由和人性真正的定义。马克思将资本主义生产中的价值和交换价值的平等假象揭露，并认为这就是人没有物的支配地位条件中解放出来的原因，所以只有改变不平等的劳动和价值交换关系，真正的人性自由才能成为可能。只有认识到劳动与剩余价值的秘密，才能"通过劳动者的自由联合……人类才能结束被资本奴役与被生产的盲目性困扰的历史，重新成为自身生命活动及其创造性的主人"①。

马克思利用历史唯物主义对启蒙的政治理想进行扬弃，实现了人的自由与解放的历史统一。资本主义在启蒙运动时期被当做是人类解放的政治理想，并且在推动人类迈入现代社会起到至关重要的作用。资本主义不仅带来了科学社会进步和形式上的民主自由，更重要的是"批判精神和比较视角"②，这些都使得人们对资本主义民主的神圣性产生怀疑，即使"历史的终结"大行其道，但批判的理论从来没有终止。

启蒙精神对资本主义的政治建构在马克思看来是消极的虚假性和积极的历史意义共存的。资本主义社会的阶级压迫和剥削，民主沦为金钱游戏以及法律的阶级性等等虽然史无前例，但形成这些的社会基础已经创造了人类达成自由和解放历史人物的必要条件。在经济上，巨大的社会生产力是人类重塑自由的物质基础；从政治上，人类对自身自由的追求和政治参与带动了无产阶级组织性的增强和高度联合；从人的自我解放上，"具有尽可能丰富属性和联系的人，因而具有尽可能广泛需要的人生产出来"③推动人们对自由个性的追求。在此基础上，马克思认为，资本主义的自身

① 马克思恩格斯文集第五卷［M］．北京：人民出版社，2009：874．
② 于尔根·科卡．资本主义简史［M］．徐庆，译．上海：文汇出版社，2017：7．
③ 马克思恩格斯全集第三十卷［M］．北京：人民出版社，1995：389．

限制必然会导致这些成熟历史条件对资本主义的再一次否定，而这恰恰应当是启蒙政治理想的再一次自我否定，对资本主义的超越将带来启蒙的真正达成。

第五章
作为一种启蒙批判的马克思主义现代性批判

思辨终止的地方，在现实生活面前，正是描述人们的实践活动和实际发展过程的真正的实证科学开始的地方。关于意识的空话将终止，它们一定为真正的知识所代替。对现实的描述会使独立的哲学失去生存环境，能够取而代之的充其量不过是从对人的历史发展的考察中抽象出来的最一般的结果的概括。这些抽象本身离开了现实的历史就没有任何价值。①

对于"启蒙"的批判从来不是一种单纯的概念批判，而是要着眼于启蒙运动在历史与现实中在理论和实践中自我表达方式的转化。启蒙运动追求的现实化正如康德所说并没有形成任何偶然性的表达方式，而是将自身的理念形成了现实的、必然性的结果。如果说启蒙思想的胜利就是理性的胜利，那么启蒙运动的胜利就是理性运动的胜利。理性在资本主义发展中

---

① 马克思恩格斯选集第一卷 [M]．北京：人民出版社，1995：73．

形成了现实的社会文化状态，构成了一种价值理性、工具理性和实践理性的结果，构成了现代性的基本范畴。这之中蕴含着资本主义对启蒙的断裂性改造，可以说正是资本主义使启蒙理性转化成了现代性。所以，探讨马克思的现代性批判，是理解马克思启蒙观的逻辑和现实要求。

一、启蒙的三种现代性断裂

启蒙运动的思想传统和现代性进程的现实逻辑，是统一于资本主义发展的历史进程中的。启蒙运动思想传统的变革是根植于资本主义历史进程之中的。所以，启蒙作为一个包含政治观念、文化、意识形态等的关于人类自我解放的统一性范畴逐渐断裂成为为资本主义确立合法性的范畴。资本主义确立在世界范围内的统治地位之时，启蒙被作为这种统治的思想合法性传统被加以改造，呈现出典型的断裂性的现代特征。作为现代性的后果，资本主义在其自我发展中逐渐造成了启蒙的断裂，并且逐渐生成了晚近现代性，这两点是亦步亦趋的。资本主义现代性的生成和对启蒙的改造是遵循着相同的逻辑：即资本主义的统治逻辑。

启蒙运动所理想的社会形态是一种充分发挥人的主体性和理性认识和改造世界的能力，充分享受自由的思想和行动环境，充分拥有获取财富和个人追求的能力的社会。在这种理念基础上建构而成的资本主义社会也正是按照这样的架构来自我宣称的。资本主义也真正将启蒙理想落地生根变成了物质性现实性的对象。然而资本主义并没有建立起启蒙思想家笔下的理想王国，而是变成了日益分化、对立和异化的断裂的资本主义现代性社会。从启蒙思想到现代性的现实，资本主义看似继承了启蒙思想的精神，但实则通过启蒙思想的现代性断裂来构成资本主义的现实转化，这就包括理性和感性的断裂、政治平等与财产权的断裂、资本与劳动的断裂。正如马克思所说："在我们这个时代，每一种事物好像都含有自己的反面。我们看到。机器具有减少人类劳动和使劳动更有成效的神奇力量，然而却引起了饥饿和过度疲劳。财富的新源泉，由于某种奇怪的、不可思议的魔力而变成贫困的源泉……随着人类愈益控制自然，个人却似乎愈益成为别人的努力或自身的卑劣行为的奴隶。"① 在马克思看来，资本主义的社会现实造成的启蒙理想走向自己的反面是资本主义现代性的后果，是资本主义体制框架对民主、科学与财富进行支配的结果。

感性与理性的断裂是资本主义现代性自我建构的一个重要环节。感性与理性共同作为启蒙运动时代弘扬人类主体性的标志，理性推动了自然科学的进步和人类认识社会能力的深化，感性推动了艺术、文学等方面的繁荣，浪漫主义、自然主义等思潮促进了对人的情感、自我表达的诉求的解放，同样也促进了主体的彰显。然而资本主义生产方式和启蒙政治学的发展从经济基础和意识形态方面逐渐确立了理性的统治地位，并按照启蒙理性的原则构建起整个社会的生产体系、交往体系、技术体系以及政治法律体系，从而展开了资本主义现代性的画卷，割裂了启蒙运动感性与理性的二重性，树立了理性的统治权。

在当代资本主义的社会背景下，理性得到了更加全面的统治地位。一方面，科学技术的发展带来的工具理性的膨胀，使包括生产方式在内的全社会形成了一系列的工具化规范和科学体系。科学技术成为至高无上的信仰，形成了唯科学论的意识形态。另一方面，资本家利用科学技术加强对无产者剩余价值的剥削，并且通过精心设计的社会组织形式、政治文化结构来消除无产阶级的革命主体性，使之被纳入到资本主义的现代理性社会运作结构之中，成为"单向度的人"。感性仅仅存在于个别艺术的领域之中，同样面临着文化工业对艺术的批量生产的威胁。同时，感性的表达方式与行为被看做是异端的社会失范行为被作为病症对待。整个社会形成

① 马克思恩格斯文集第二卷［M］．北京：人民出版社，2009：580．

"商品、科技、世界市场三位一体"① 的特质，结合科学主义、理性主义与工具主义，推动资本主义在全球范围内高效地攫取财富与加强统治。

古典哲学对于理性能力的弘扬和论证旨在将自我意识进一步地从宗教中摆脱出来，从而实现人的"公开运用自己理性的自由"②。马克思的早期思想中同样具有继承自黑格尔的理性主义思想，将理性作为"按照事物的本质特征去对待各种事物的那种普遍的自由思想"③，来为追求言论自由而呼吁，将理性作为能够充分用于追求平等和自由的自我意识前提。理性思想天然和对个人自由的追求联系在一起，正如恩格斯所说的他们"把理性当做一切现存事物的唯一裁判者"④。在马克思思想的早期阶段，对于理性的赞扬是从属于黑格尔的法哲学与政治哲学的抽象理性概念的，这表达了马克思对于启蒙精神的充分肯定，并且努力在实践中推动德国民主的发展。在马克思本身坚持这种启蒙价值观的前提下，对于黑格尔法哲学的抽象性批判和对于现实国家法规执行的分析中，他发现了自我意识本身带有利益成分，这意味着马克思真正走出了康德式认为"理性能够使人超越特定经验和利益的限制……选择根据普遍规则行动"⑤ 的抽象理性观，从而进展到了历史唯物主义的理性观，即社会存在决定社会理性，理性并不是抽象、绝对的，而是基于一定的具体的、阶级的、历史的条件表达的。

马克思对于抽象理性的祛魅不仅仅体现在他的资本主义理论之中，更是贯穿在其哲学的方法与认识原则之中。在马克思的现代性理论中，理性并不是至高无上的唯一准则，而只是人类认识能力的一个阶段，并且是具

---

① 刘俊奇. 当代资本主义的发展与危机 [M]. 北京：中国社会科学出版社，2014：210.

② 康德. 历史理性批判文集 [M] 何兆武，译. 北京：商务印书馆，1990：23.

③ 马克思恩格斯全集第一卷 [M]. 北京：人民出版社，1957：112.

④ 马克思恩格斯选集第一卷 [M]. 北京：人民出版社，1995：722.

⑤ 田冠浩，袁立国. 重建现代性的三次浪潮 [M]. 北京：中央编译出版社，2015：25.

有深刻的社会历史背景的产物。"现代性批判不应该变成对理性精神的批判，而是指向了由资本的运行而产生的资本主义社会的种种弊病"①。事实上，马克思正是认识到了现代性带给启蒙思想的感性与理性的断裂才导致了理性的膨胀，使之成为了一种统治工具，从而将批判的矛头指向了这种断裂产生的根源，即资本主义的发展。

第一，马克思通过对抽象理性的批判揭示了启蒙断裂的后果。马克思对于抽象理性的批判具有两重性：一方面，马克思通过对古典哲学为代表的抽象理性观念的批判祛除了启蒙思想中的唯心主义色彩，"观念反倒成了主体；各种差别及各种差别的现实性被设定为观念的发展，观念的产物，其实恰好相反，观念应当从现实的差别中产生"②，进而将理性确立在牢固的现实的、物质的基础上。由此可见，缺乏人的感性活动和实践的支撑，理性就被描述成为先验的、不变的永恒原则，从而脱离了现实的土壤，成为从单纯人的主体的抽象理性演绎而成的"被提升到普遍性的特殊自我意识中具有这种现实性"③。另一方面，马克思进一步批判了抽象理性原则建立起来的资本主义国家形式和国家原则，这些看似保障所有人的自由平等的架构实际上只能保护抽象的人的自由，而不能保护现实、具体的人的自由。马克思的市民社会分析认为，"法的关系正像国家的形式一样，既不能从它们本身来理解，也不能从所谓人类精神的一般发展来理解，相反，它们根源于物质的生活关系"④。资本主义建构起来的制度仅仅从抽象理性层面树立启蒙的平等自由原则，而不顾现实的人的社会关系和生产关系，这不仅成为资本主义原则伪装成普世价值的基础，同时也成为当代资

---

① 杜艳华，贺永泰. 马克思恩格斯现代性思想体系及其影响研究 [M]. 上海：上海人民出版社，2017：95.

② 马克思. 黑格尔法哲学批判 [M]. 北京：人民出版社，2002：10.

③ 黑格尔. 法哲学原理 [M] 范扬、张启泰，译. 北京：商务印书馆，1996：255.

④ 马克思恩格斯全集第三十一卷 [M]. 北京：人民出版社，1998：412.

本主义维持剥削合法性的运行原则。

第二，马克思认识到启蒙理性与感性的现代性断裂，并在其哲学认识论中修复这种断裂。现代性导致现代人的认识形式在资本主义条件下发生了重构，并且在现实社会中也遵循着理性的社会建构。理性的膨胀在马克思看来是现代性的后果，也是资本主义维持统治的现实和意识形态的手段。"诉诸理性的国家和理性的法不可能克服现代的矛盾"①，也就是说根据启蒙抽象理性建立起来并维持的资本主义制度无法彻底解决现代性的内在矛盾。马克思的辩证唯物主义认识论真正将感性和理性结合起来，用实践统一人的认识过程，从而为对资本主义的认识打下了科学的方法论基础。马克思将感性引入为现代性批判的唯物主义本质奠定了重要基础，正因马克思真正将感性认识纳入到认识过程的重要发现，对于无产阶级现实境况的关照才进入到了批判的视野之中，资本主义现代性那种抽象的唯心主义的理性观才真正的被唯物主义所取代，现代性批判才具有了牢固的根基。正如马克思所说"对现代国家制度的真正的哲学的批判……从这些矛盾的本来意义上来把握矛盾。但是，这种理解不在于到处去重新辨认逻辑概念的规定，像黑格尔所想象的那样，而在于把握特有对象的特有逻辑"②，即唯物主义的、关注现实生产力和生产关系的逻辑。马克思正是在这种方法的应用之下将对社会生活的考察引入实践领域的，"社会生活在本质上是实践的。凡是把理论引向神秘主义的神秘东西，都能在人的实践中以及对这种实践的理解中得到合理的解决"③。

个体与社会的断裂使启蒙带来了启蒙的另一个矛盾。对财产权平等的要求根植于启蒙对于人的平等与民主自由的政治诉求之中，而财产权的平

---

① 罗骞. 论马克思主义的现代性批判及其当代意义 [M]. 上海：上海人民出版社，2007：51.

② 马克思恩格斯全集第三卷 [M]. 北京：人民出版社，1960：92.

③ 马克思恩格斯文集第一卷 [M]. 北京：人民出版社，2009：501.

等在资本主义条件下导致了贫富两极分化的社会状态。马克思的现代性批判是从启蒙理性构想破灭的现实一步步演进到对资本主义基本矛盾的批判上的，政治平等的呼吁在于肯定了自由主义在社会生活中的指导意义，而自由主义带来的经济权力的机会平等导致了对个人利益的追求与之不平等的拉大。这种断裂使得社会运作围绕金钱和资本运行，而不是抽象的公平观念运行，这样就导致政治平等的呼吁变成了空谈和假象。

对自由主义经济的不加限制导致了资本主义社会贫富差距的增加，并且使得人类不再是启蒙理想中那样共同平等的在公共秩序框架中生活，而是逐渐使得人屈服于物，屈服于由资本主义生产关系带来的经济不平等，进一步推动了异化对人的类本质的剥夺。资本主义现代性带来的正是这样一种现实：在社会与国家层面通过政治革命和阶级革命建立起来的民主制度旨在保障人们的天赋权力，而在个体层面并没有得到实现，抽象的制度原则让位于现实的人和人、人和物之间的关系，仅仅实现了人们在物的依赖性条件下的人的有限自由。

马克思对于启蒙带来的社会与个体之间的断裂在他的早期思想中就得到体现。马克思从对资本主义生产方式运行的分析出发，将现代性批判指向了现实社会生产和现实具体的人的境况，祛除了从卢梭到黑格尔对现代性的抽象分析，运用历史唯物主义存在论的方法角度探寻现代性条件下人与社会关系的现实基础。

一方面，马克思从对市民社会的分析出发揭示了人与社会关系的变化。在黑格尔哲学的话语中，基督教与现代政治精神的一致性解读造就了鲍威尔对于犹太人问题的论述。马克思在批判黑格尔的社会理论的基础上展开了他的市民社会分析。他认为"受到迄今为止一切历史阶段的生产力制约同时又反过来制约生产力的交往形式，就是市民社会"①，并且"真正

---

① 马克思恩格斯文集第一卷［M］．北京：人民出版社，2009：540.

的市民社会只是随同资产阶级发展起来的"①，从而发现了市民社会形成之中资本主义生产方式的产生和发展及其对现代性生成的意义。在社会领域，市民社会意味着现代性的起源，同时也随着宗教改革共同重构了人与社会的关系，使人和社会回归到了现实性的、世俗性的关系之中。但是市民社会所赖以存在的现代生产方式的扩张使得资产者和无产者的阶级分化越来越明显，人和社会之间从宗教中得到解放的世俗关系虽然还遵循着启蒙精神的基本原则，但是越来越多的使"大量的人突然被强制地同自己的生存资料分离，被当做不受法律保护的无产者抛向劳动市场"②。经过启蒙运动和资产阶级革命解放的市民社会中诞生的无序性的资本使得人与社会的关系形态从宗教禁锢走向赤裸裸的金钱和物关系的另一个极端。

另一方面，马克思批判了个体与社会相断裂带来的人的异化。马克思曾经说过："我们的一切发明和进步，似乎结果是使物质力量成为有智慧的生命，而人的生命则化为愚钝的物质力量"③，来作为现代性对人的生存境况的改变。人一方面被卷入成为整个社会化大生产体系中的一个环节，另一方面则是被自身所处的生产关系异化为孤立的个体，人的社会性被扭曲，人的本质被资本主义的社会关系重构为一种被物和生产关系支配的占有关系，"异化既表现为我的生活资料属于别人，我所希望的东西是我不能得到的、别人的占有物；也表现为每个事物本身都是不同于它本身得得另一个东西，我的活动是另一个东西，而最后，——这也适用于资本家，——则表现为一种非人的力量统治一切"④。这样，人与社会之间的关系被人与物之间的关系所取代，人之于社会的主体性被掩盖，并且成为了社会生产方式运行的基本单元。

---

① 马克思恩格斯文集第一卷 [M]．北京：人民出版社，2009：582.
② 马克思恩格斯文集第五卷 [M]．北京：人民出版社，2009：823.
③ 马克思恩格斯文集第二卷 [M]．北京：人民出版社，2009：580.
④ 马克思恩格斯文集第二卷 [M]．北京：人民出版社，2009：233.

资本与劳动的断裂作为启蒙断裂的最终结果，表达着资本主义现代性运行的根本形式。正如马克思所说，"资本只有同劳动力交换，只有引起雇佣劳动的产生，才能增加，雇佣工人的劳动力只有在它增加资本，使奴役它的那种权力加强时，才能和资本交换"①。尤其在工业革命之后，资本主义生产方式不仅加强了对工人阶级的剥削和商品的生产，更是加强了对社会生产关系的再生产，对社会和个体断裂的再生产。马克思在以资本批判为核心的现代性批判的基础上揭示了资本主义现代性对启蒙精神的背离和资本主义制度的非正义性和历史局限性。

宗教改革和社会革命为资本和劳动的发展创造了社会前提。在马克思恩格斯对于西方各国现代化起源的研究之中，认为英国之所以能够早一步进行资产阶级革命的重要原因在于社会革命，尤其是英国宗教改革为雇佣劳动的产生以及手工业工场的繁荣奠定了市民社会的世俗基础，这不仅促进了现代生产方式萌芽的形成和发展，同时也创造了最早的资产阶级。恩格斯认为，英国的"16 世纪和 17 世纪创造了社会革命的一切前提，结束了中世纪，树立了社会的、政治的、宗教上的新教原则，建立了英国的殖民地、海军和贸易，并使日益增长而且已经相当强大的中等阶级同贵族并列"②。韦伯也认为宗教改革带来的新教伦理为资本主义精神的发展奠定了社会基础，世俗社会对宗教的祛魅使得人们将更多的精力用于对财富的追求，并且着重于现世生活的物质追求。在此基础上，手工工场的兴起吸纳了最初的一批劳动者和有产者的加入，资本的积累也开始进行。

政治革命为资本和劳动的发展解除了障碍。资本主义生产方式的进一步发展，尤其是手工业工场逐渐发展成为机器工厂的趋势，使得不断壮大的资产阶级对社会政治制度提出更高的要求。传统的半封建或封建的政治

---

① 马克思恩格斯文集第一卷 [M]．北京：人民出版社，2009：727.
② 马克思恩格斯文集第一卷 [M]．北京：人民出版社，2009：95.

制度已经不适应生产力的发展和新的生产关系的不断壮大，"我们应当把资产阶级的历史分为两个阶段：第一是资产阶级在封建主义和专制君主制的统治下成为阶级；第二是形成阶级之后，推翻封建主义和君主制度，把社会改造成资产阶级社会"①。一方面，社会革命为政治革命奠定了坚实的社会阶级基础和经济基础，为资产阶级革命培养了大量革命力量和革命物质基础；另一方面，政治革命为进一步的社会革命扫清了障碍，"社会革命才是真正的革命，政治的和哲学的革命必定通向社会革命"②。社会革命是资本主义制度最终的落脚点，是为资本主义政治制度、生产方式和大众文化得以实现创造的现实土壤。

工业革命为资本和劳动断裂的深化提供了加速的基础。工业革命通过资本主义社会对全世界带来了极其深刻的影响，并且彻底确立了资本主义生产方式在世界范围内的统治地位。工业革命不仅带动了现实生产力的巨大提升和资本再生产的剧烈扩张，也为现代资本主义制度的奠基创造了一系列的思想基础。资本和劳动的分裂在机器化大生产的时代得到明显的表现，"蒸汽和机器引起了工业生产的革命。现代大工业代替了工场手工业；工业中的百万富翁、一支一支产业大军的首领、现代资产者，代替了工业的中间等级"③，与之伴随的生产力的提高、生产门类的增加、生产速率的加快和资本周转的加速不断再生产着资本和劳动者的贫困，加强极化的生产关系。工业生产带来的资产者和无产者彻底的两极分化使得资本和劳动彻底地分离开来。资本越来越集中于掌握工业机器的大资本家手中，中间阶层大量沦为无产者，从而只能将自己的劳动出卖。无产者只拥有自己本身的劳动而毫无资本，资产者通过购买作为劳动力的无产者来榨取其剩余价值，从而完成资本积累。资本原则通过生产方式的统治地位弥散在社会

---

① 马克思恩格斯文集第一卷 [M]．北京：人民出版社，2009：89.
② 马克思恩格斯文集第一卷 [M]．北京：人民出版社，2009：87.
③ 马克思恩格斯文集第二卷 [M]．北京：人民出版社，2009：32.

各个领域，而无产阶级不仅要承担在生产过程中的异化状态，也要在政治、文化与社会生活中处于异化状态，"这些力量本来是由人们的相互作用产生的，但是迄今为止对他们来说都作为完全异己的力量威慑和驾驭他们"①。这样，资本与劳动的分裂就不仅限于生产过程中，而是具有了整体的社会性。劳动和资本的分裂是资本主义现代性的核心特征，也是马克思现代性批判的科学性所在。

启蒙精神在现代性条件下的断裂是资本主义生产方式作用下的结果，也是启蒙思想所倡导的普遍价值被资本主义生产方式重构成为资产阶级的阶级价值的结果。马克思对于资本主义构造的抽象理性、人的异化和资本增值的批判是马克思启蒙批判的一部分，也是他从启蒙批判转向资本主义生产方式为核心的现代性批判的枢纽。经历了启蒙的资本主义批判使得马克思真正从一个社会民主主义者和青年黑格尔主义者进步成为一位唯物主义者和社会主义者，也逐渐形成了社会主义和共产主义这一真正实现启蒙的唯一路径，从而展开对资本主义全面的、彻底的批判。

二、马克思恩格斯现代性批判的启蒙起点

资本主义的发展与工业革命是密不可分的。准确地说，工业革命以及之后时代的科技革命为资本主义创造了大量的财富，使资产阶级对利润的追逐和对资本的渴望进入到了一个新阶段。在对于"现代"概念的理解中，资本主义和工业革命仍然是两个最为重要的标志性范畴。作为启蒙运动的后果，对理性、科学和财富的追求在制度层面催生了资本主义，在实践层面催生了工业革命，两者共同改造了启蒙理想，成为定义现代性的根本特征。马克思恩格斯的现代性批判同样也是遵循从启蒙思想到资本主义

---

① 马克思恩格斯文集第一卷 [M]．北京：人民出版社，2009：542.

制度和工业革命的历史逻辑的，将资本和工业的诞生作为现代性事实上诞生的标志而展开历史唯物主义的批判。所以可以说，资本和工业（技术）是马克思恩格斯现代性批判的逻辑起点。

马克思恩格斯将资本作为现代性批判的核心。正是由于资本概念的引入，马克思恩格斯才真正将现代性批判置于科学的、现实的土壤之上，而不是抽象理性的批判话语之中。马克思恩格斯将资本作为论述资本主义生产方式的核心概念，并且作为资本主义生产的最终目的。马克思恩格斯从理性到资本的批判转向意味着他们现代性批判理论的成熟，即将现代性作为将资本披上理性的外衣进行的统治方式，揭示了对资本的追求是如何导致资本主义制度背离了启蒙精神，从而如何导致自身必然灭亡的历史性的。

马克思恩格斯将资本作为引起启蒙精神转化为现代性的核心因素。马克思清楚地揭示了资本在现代社会中的地位，"资本是资产阶级社会的支配一切的经济权利"①，而不是启蒙运动所宣称的民主、平等和自由，后者则成为了前者支配下的统治手段，人仅仅处在物的依赖性的有限自由状态，即资本统治下的形式上的民主自由体制。在马克思主义的视域中，理性批判被资本批判所取代表达了唯心主义被唯物主义批判方法所取代的意义，这正是基于启蒙理性被资本主义生产方式所取代的现实历史逻辑。启蒙不仅仅是一种理念，更是一种历史运动和社会构造。资本在现实历史中随着资本主义生产方式和政治制度取得了统治地位并且作为现代历史范畴的核心，从而通过包裹理性的外衣作为启蒙精神的合法性结果而存在。抽象意义上的理性政治解放导致的直接后果就是资本主义生产方式的兴起，而资产阶级革命作为启蒙理性解放的政治后果，为资本主义的发展扫清了制度障碍，并且克服了社会政治结构和对资本追求的社会发展内在冲动的

---

① 马克思恩格斯文集第八卷［M］．北京：人民出版社，2009：31．

冲突，从而构建起资本主义的政治、经济形式。所以说，资本在历史中的形成与扩张过程恰恰就是现代性的形成过程。一方面，资本对于传统生产方式和旧的社会关系的摧毁促进了新的社会形态的形成，并且构成新的生产关系和社会关系，构造了现代性的基础。另一方面，资本改造了人的本质，将传统的、自然的人通过新的雇佣关系的生产方式和以资本作为主导的有产者支配无产者的社会关系再生产的方式逐渐改造成为依赖于物的异化本质，"在这里，人不是在某一种规定性上再生产自己，而是生产出他的全面性"① 的方式不得不成为了 "把人的类生活变成人类肉体生存的手段"② 的方式，这使得启蒙理性所塑造的关于人的绝对自由的观念破碎了。

马克思恩格斯将资本作为理性批判走进现实世界的批判枢纽。对于资本概念的分析使得马克思恩格斯真正走出了与启蒙运动以来的社会现实不相一致的概念批判模式，从而真正把握现代性的内生逻辑。"政治国家没有家庭的自然基础和市民社会的人为基础就不可能存在"③，意味着马克思恩格斯真正将对资本主义现代性的考察置于启蒙时代的资本主义诞生的社会基础之上，从而将资本而非理性作为现代性批判的基础和线索。资本在历史中的形成和运动过程同样意味着启蒙理想的破灭的过程和资本主义对其的合理化过程，也是马克思恩格斯将启蒙批判和现代性批判真正转向现实社会物质基础的枢纽。首先，马克思恩格斯将资本的运动作为市民社会向资本主义社会演进的关键，并且通过资本运动的历史分析资本主义的形成，正如马克思所说，资本是 "普照的光，它掩盖了一切其他色彩"④，"现代世纪乃是以资本为原则的世界"⑤，对剩余价值的追求带来了资本的

---

① 马克思恩格斯文集第八卷 [M]．北京：人民出版社，2009：137.
② 马克思恩格斯文集第八卷 [M]．北京：人民出版社，2009：163.
③ 马克思恩格斯全集第三卷 [M]．北京：人民出版社，2002：12.
④ 马克思恩格斯文集第八卷 [M]．北京：人民出版社，2009：31.
⑤ 马克思恩格斯文集第五卷 [M]．北京：人民出版社，2009：278.

大量积累，才可能造就资产阶级力量的壮大和对社会经济主导地位的占据。其次，马克思恩格斯将资本作为现代社会历史发展的根本线索。资本作为资本主义社会存在发展的主导力量，其自我逻辑的扩张性必然导致全世界范围内生产力的提高、技术的进步和财富总量的增加。从某种意义上来说，资本的扩张过程就是世界的现代化过程，也就是现代性形成的过程。呈现为生产规模的扩大、门类的增多、世界市场的扩张和全球掠夺的加深等等形式。所以，"手推磨产生的是封建主的社会，蒸汽磨产生的是工业资本家的社会"①，资本的本性推动工业的进步，从而促进生产关系的转变，客观上推动了社会历史的进步。第三，马克思恩格斯将资本作为历史唯物主义批判的核心对象。历史唯物主义将资本作为历史的产物加以看待，为资本分析确定了客观的尺度，围绕生产力与生产关系的基本矛盾，将资本的二重性清晰地揭示。在生产力方面，资本创造了前所未有的巨大生产力；另一方面，在生产关系层面则是"包含了现代的一切冲突的萌芽"②，带来了资产阶级财富的积累和无产阶级贫困的积累的不断分化，并且成为"一切存在物的内在依据和尺度"的"世俗的上帝"③，进而导致商品拜物教和人的异化的形成。所以，资本积累的无止境增加的后果就是加剧社会基本矛盾，从而导致资本主义生产方式的灭亡。

马克思恩格斯将资本作为资本主义现代性自我矛盾的本质原因。在马克思恩格斯对于资本的分析中，资本主义私有制基础上的无产者和资产者的对立成为资本运动不可避免的后果，这也就是资本主义的根本矛盾所在。资本主义现代性建立在资本主义生产方式以及其上层建筑的统治之上，是资本逻辑社会化的产物，也由于其内在矛盾从而注定了现代性历史性的命运。正如恩格斯评价的那样，马克思"指出了危机从资本主义生产

---

① 马克思恩格斯文集第一卷 [M]. 北京：人民出版社，2009：602.
② 马克思恩格斯选集第三卷 [M]. 北京：人民出版社，1995：471.
③ 许良. 恩格斯现代性思想批判研究 [M]. 上海：上海财经大学出版社，2016：169.

方式产生的不可避免性以及它作为这一生产方式本身的危机、作为社会变革的强制手段的意义"①。资本正是通过自身无止境的扩张加剧了资本主义生产方式的内在矛盾，也就加剧了资本主义现代性的自我矛盾：即现代性的启蒙原则与资本社会化带来的不平等之间的矛盾。一方面，资本带来了竞争的残酷化和无序化，是对现代理性精神的背离。资本的趋利性和扩张性是不可停歇的，在资本扩张的历史过程中，"一块土地和另一块土地对立，一个资本和另一个资本对立，一个劳动力和另一个劳动力对立"②，随着历史的发展，扩大、重组和膨胀的资本利益集团为了争夺土地、劳动力、市场以及稀缺资源展开了残酷的竞争，甚至不惜发动战争乃至世界大战。时至今日，虽然资本与其它生产要素仍旧处在分离状态，但资本对资源的占有已经不是直接的了，而是通过国际组织、跨国公司以及扶植政权建立等间接形式控制资本对全球范围内资源的掠夺。现代启蒙观念所倡导的那种公平竞争、加强合作、可持续发展的理念被相互敌视、吞噬、"尔虞我诈的敌对状态"③ 所代替。另一方面，资本带来了人的物化和社会关系的金钱化，是对现代启蒙自由精神的背离。资本是异化劳动的起源，原因就在于劳动者和劳动对象的分离。劳动对象从属于资本，是资本增殖的工具，而并不从属于劳动者自身，而劳动者也是作为抽象的资本增殖力量而存在。所以，"劳动的这种现实化就表现为工人的非现实化，对象化表现为对象的丧失和被对象奴役，占有表现为异化、外化"④。人的劳动固定在其劳动对象之中，从而带来的对象化使得人的本质的空虚被对物质或金钱的获取所填充，人与人、资产者与无产者、劳动者和劳动者之间的自然关系被金钱的关系所取代，抽取了人的本质，使作为劳动者的人彻底的物

---

① 马克思恩格斯文集第九卷 [M]. 北京：人民出版社，2009：304.
② 马克思恩格斯文集第一卷 [M]. 北京：人民出版社，2009：72.
③ 许良. 恩格斯现代性思想批判研究 [M]. 上海：上海财经大学出版社，2016：168.
④ 马克思恩格斯全集第三卷 [M]. 北京：人民出版社，2002：267-268.

化，沦为可测量、交易的工具。这就背离了现代启蒙精神中对于人的本质力量自由发挥的追求。

对资本范畴的把握是理解当代资本主义现代性新形式的正确途径。尽管资本主义在 20 世纪中后期至今发生了巨大的变化，呈现内部组织逐渐合理化、利益分配的复杂化、资本扩张逐渐温和化、价值剥削逐渐隐蔽化等特征，但是需要看到的是，由于资本主义生产方式的社会化大生产和生产资料私人占有的矛盾本质并没有变化，社会基本矛盾仍然是以资本为核心进行运动的，所以将资本作为现代性核心范畴仍然不可动摇。事实上，经济危机的周期性爆发等事实表明资本主义内部仍然处于动荡和深刻的矛盾之中。在当代资本主义条件下，对资本的探讨呈现了一系列的新变化、新形式。首先，资本的存在和扩张已经逐渐延伸到大众文化等领域。技术的发展和扩大消费群体的需要使得文化消费、观念消费等新兴的大众消费市场崛起，"意味着人们在生活方式这一重要领域接受了社会变革和个人改造的观念"①。多元文化与消费主义转移了社会生活的生产重心，消费浪潮、亚文化运动等等一系列新的社会事实调整了大众的意识形态，并且带来了"建立在虚假需要基础上的消费"②的消费异化，但其本质仍然是资本在文化形式循环更新的掩盖下不断扩张利润的手段。其次，资本增殖的分配形式越来越复杂。福利国家、股份普遍化等措施看似消除了资本主义社会资产者和无产者阶级对立的界限，并且创造了大量的中间阶层，构成了"第三条道路"的主要实践。但这本质上仍是资本通过向世界市场转移低端产业以使得资产者和无产者对立向国际化扩张，从某一国的范围观察资产者和无产者的对立有时是不明显的。另外，中间阶层的绝对贫困的摆

---

① 丹尼尔·贝尔. 资本主义文化矛盾 [M] 蒲隆等，译. 北京：生活·读书·新知三联书店，1989：114.

② 李春火. 马克思资本批判及其当代意义研究 [M]. 北京：中国社会科学出版社，2018：172.

脱并不意味着资本主义国家的社会主义化，而是资产阶级在扩大自身的共谋阶层，实际上借助科技、管理和垄断等条件，资产者从劳动者那里榨取的剩余价值更加庞大。另外，通过对金融资本的操控使得中间阶层大量地持有资本泡沫，资本家"以发放个人信贷给劳动人民套上债务锁链"①，或者将其伪装为现实的生产资料以创造"有产者"的假象，当金融危机不可避免地发生时，大量的中产阶层就会重新成为无产者。第三，符号化成为新的资本异化带来的对象化关系的形式，并且延伸到社会领域。资本的力量通过资本主义大众文化重构了人们的需求形式和交往形式，资本渗入到了人们的生活世界之中，并且一定程度上消解了过剩的社会生产力，资本"不仅通过技术而且作为技术来自我巩固和扩大；而作为技术就为扩展统治权力提供了足够的合法性，这一合法性同化了所有文化层次"②，"这些配置使得表达的物质符号化，并同时使内容的物质物理化"③。进而，劳动和其劳动对象之间日益增加的隔阂，即其间越来越大的剩余价值被一系列的文化符号所代替，同样，人与人的关系也被现代社会体制抽象为以符号为中介。资本不断生产一个个象征符号并且投入到消费领域，符号掩盖了资本，同时以固定的意义来形塑人的主体选择。正如弗洛姆所说"个人被作为上好的消费者来加以控制和操纵……他无时不刻不在被口号、被暗杀、被榨干他可能有的最后一点现实主义的虚幻之声锤击着"④。

马克思恩格斯将科学技术批判作为现代性批判的重要维度。马克思恩格斯认为科学技术是带动资本主义在 19 世纪以来飞速发展的主要推动力量。科学技术本身作为理性发挥的直接结果，意味着人的主体性的释放，

---

① 刘俊奇. 当代资本主义的发展与危机［M］. 北京：中国社会科学出版社，2014：90.

② 赫伯特·马尔库塞. 单向度的人［M］刘继，译. 上海：上海译文出版社，1989：142.

③ 德勒兹，加塔利. 资本主义与精神分裂［M］姜宇辉，译. 上海：上海书店出版社，2010：202-203.

④ 埃利希·弗洛姆. 健全的社会，转引自李春火. 马克思资本批判及其当代意义研究［M］. 北京：中国社会科学出版社，2018：183.

认识和改造自然能力的提升，使人类的真正本质得以凸显，具有巨大的积极意义，是启蒙的重要成就之一。然而，当科学技术被用来追求物质财富，并且与资本主义生产方式结合之后，就逐渐成为了一把双刃剑，即是推动社会发展和人的关系的全面性而达成相对自由状态的必要条件，也变为了一种产生对人的剥削和异化、进行技术统治和攫取更多剩余价值工具。科技在资本的内在冲动驱使下展开了快速的发展，并且取得了一系列现实的历史后果。科技推动了资本主义生产方式的全球扩张，促进了生产力的飞速发展和资本主义生产关系的反复强化，同时也重新定义了启蒙理性。

科学技术的发展推动了资本主义生产方式的全球扩张。航海技术、造船技术的进步为大航海时代的到来提供了可能，工业革命更使全球范围内的时空距离大大的缩短。资本主义的全球扩张使得全世界大部分国家都卷入到资本主义的世界体系之中去，"不断扩大产品销路的需要，驱使资产阶级奔走于全球各地"①，带来的"美洲的发现、绕过非洲的航行，令新兴的资产阶级开辟了新天地"②，而在经受资本主义改造的每一个角落，"古老的民族工业被消灭了，并且每天都还在被消灭"③。科学技术的进步为资本主义在全球范围内确立自己统治地位创造了可能。产业革命和技术革命作为马克思恩格斯历史唯物主义方法论的重要概念，推动着世界历史真正意义上的形成。一方面，全世界大部分国家卷入到了资本主义世界体系之中，结束了世界各地彼此相互隔绝的自然状态，使世界真正成为一个整体，并且促进了落后国家卷入现代化进程之中。另一方面，"它迫使一切民族——如果它们不想灭亡的话——采用资产阶级的生产方式"④，以及

① 马克思，恩格斯．共产党宣言［M］．人民出版社，2014：31.

② 马克思，恩格斯．共产党宣言［M］．人民出版社，2014：28.

③ 马克思，恩格斯．共产党宣言［M］．人民出版社，2014：31.

④ 马克思，恩格斯．共产党宣言［M］．人民出版社，2014：31-32.

"它使未开化和半开化的国家从属于文明的国家，使农民的民族从属于资产阶级的民族，使东方从属于西方"①，从而在政治上和经济上从属于现代国家，建立了基于剥削、掠夺和支配关系基础上的世界体系。当代资本主义世界体系呈现更为复杂的状况，资本运用多种主体和技术手段来加强对第三世界的掠夺，并且通过互联网、卫星、电子监控等手段强化了对于全球范围内的技术监控，以便更好地为其资本扩张服务。

科学技术促进生产力的飞速发展，并且改造了现代性的结构。科学技术作为重要的生产要素在资本主义历史上起着越来越重要的作用，也占据着越来也重要的比重。迄今为止的三次技术革命都颠覆了所属时代的性质，具体地说是通过改造了人类劳动的方式从而使得资本主义不断改变自身的发展阶段。正如恩格斯所说"这种技术，照我们的观点看来，也决定着产品的交换方式以及分配方式，从而在氏族社会解体后也决定着阶级的划分，决定着统治和被奴役的关系，决定着国家、政治、法等"②，科学技术的发展对从生产方式到上层建筑，从劳动关系到社会关系的范畴都进行了革命性的变革，重构了人类的实践和行动方式、媒介与内容，使得技术的成果内在地包含在整个社会体系的现代性体系之中。在某种意义上，现代性正是通过技术的社会化将日益分裂的社会、政治和生产等维度整合为一个统一的制度体系。科学技术革命赋予生产力新的人与生产对象之间的关系形式，同时也会赋予人与其它物和人之间的关系形式。所以科学技术的革命意义是整体性、现代性的，带来的不仅仅是生产关系的强化，更是使得"阶级关系是被直接内化于资本主义生产的范围中的，而并非是一种公开的、需要有暴力工具来直接支撑的关系"③。

科学技术对启蒙理性的重新定义是贯穿在资本主义发展的历史进程中

---

① 马克思，恩格斯.共产党宣言［M］.人民出版社，2014：32.

② 马克思恩格斯选集第四卷［M］.北京：人民出版社，1995：731.

③ 安东尼·吉登斯.现代性的后果［M］田禾，译.南京：译林出版社，2000：55.

的。启蒙理性倡导运用作为人自身的理性能力对牢不可破信念的怀疑，要
"有勇气运用自己的理性"①，韦伯在分析资本主义精神时将资本主义理性
精神当做一种"洞察那些经由宗教信仰与宗教生活的时间而产生出来的心
理动力"② 从而进行世俗生活的合理化的精神方向，其中蕴含着世俗主义、
功利主义和制度主义的倾向。启蒙理性引导了现代性世俗社会的形成，并
且推动了资本主义制度和生产方式的确立，成为现代性的意识形态发端。
资本主义制度确立和工业革命后，资本主义逐渐形成了"一整套严密自持
的制度系统，这一庞大的系统以资本的效用最大化为终极目的"③。在科学
技术对资本主义的不断改造下，启蒙理性传统被工业化的精确计算、指标
体系和严格规范所改变，成为剥离了人的情感、思想和创造力的工具理
性。理性被异化为精密的数学形式，技术成为生产乃至社会生活的唯一标
尺，人只是在这个过程中的工具，合理性消除了人性，使得资本主义现代
性社会完全漂浮于工具理性的上空。正如马克思所说："世俗基础使自己
从自身中分离出去，并在云霄中固定为一个独立王国"④。这种资本主义现
代性的经济、政治和文化的合理性统治同时，也在生产现代社会的知识和
科学形式。人们的自由只是在合理性框架之内的自由，甚至认知也只是合
理性建构的知识产生的认知。这个历史过程就像福柯所说，"科学史主要
置于一个大致是认知——真理要求的轴上"⑤，科学知识被作为象征或新的
生产方式被交换或生产，从而失去了自身的启蒙功能。这样，启蒙理性被
重新定义为了工具理性和技术理性。

在资本主义的发展历史中，正如恩格斯所说，"经济上的需要曾经是，

---

① 康德. 对"什么是启蒙"的回答［M］肖树乔，译. 北京：中译出版社，2016：1.

② 马克斯·韦伯. 新教伦理与资本主义精神［M］于晓、陈维纲，译. 南宁：广西师
范大学出版社，2004：76.

③ 刘莹珠. 资本主义与现代人的命运［M］. 北京：人民出版社，2014：87.

④ 马克思. 关于费尔巴哈的提纲［M］. 北京：人民出版社，1988：88.

⑤ 福柯. 必须保卫社会［M］钱瀚，译. 上海：上海人民出版社，2010：136.

而且越来越是对自然界的认识不断进展的主要动力"①，资本与技术的发展共同构成资本主义现代性的扩张和蔓延。缺乏技术的资本只能重复着简单而效率低下的工场规模的生产形式，缺乏资本的技术也失去了发展的动力，两者统一于人类实践活动的中心，即物质资料生产方式之中，开始人的真实的、现实的存在论定义。资本与技术的关系在资本主义发展的不同阶段有所不同，直到工业革命之后，"工业实践才是真正意义上的实践"②，才摆脱了那种"历史发展不足"③的状况。工业革命彻底确立了现代资本主义生产方式为核心的资本主义社会，与资本一起通过生产力和生产关系的矛盾运动统一于资本主义现代性形成的历史之中，并且具有深刻的内在联系。

首先，科学技术的应用扩大了资本自身的增殖能力。科学技术的发展是资本追求更大利润的结果，也是资本主义生产逻辑的内在要求。"劳动必然导致人们制造工具、利用自然力量，而到了一定的发展阶段，这就造成了使各个社会在结构和活力方面发生质的变化的关节点。劳动的结果能够超出劳动实施者自身再生产之所需，这就为奴隶制创造了客观基础"④，科学技术正是在资本家为了获取更多利润的冲动下得到发展的。正如马克思说得，"到那时，我们自然会满意地看到，扶植科学的工作也就在物质上得到报偿，会看到，仅仅詹姆斯·瓦特的蒸汽机这样一项科学成果，在它存在的头 50 年中给世界带来的东西就比世界从一开始为扶植科学所付出的代价还多"⑤。尽管当代资本主义生产条件下科学技术研发成本空前高

① 马克思恩格斯文集第十卷［M］．北京：人民出版社，2009：599.
② 许良．恩格斯现代性思想批判研究［M］．上海：上海财经大学出版社，2016：60.
③ 马克思恩格斯选集第一卷［M］．北京：人民出版社，1995：75.
④ 卢卡奇．关于社会存在的本体论（上）［M］白锡堃、张西本、李秋零等，译．重庆：重庆出版社，1993：163.
⑤ 马克思恩格斯文集第一卷［M］．北京：人民出版社，2009：67.

昂，并且一般购买科学技术成果需要支付高额专利费，但本质上资本对于这些技术成果的运用所得到的利润更是要远远超过所要支付的费用，并且可以在市场上获取专利权，得到垄断地位从而获取更多的再分配利益。知识技术产权在当今社会作为生产要素发挥着举足轻重的意义，甚至决定了资本竞争的成败，但这根本上仍然是由资本决定的。一方面，科学技术研发所需要的高昂成本只有资产阶级才具有能力支付，资本在这里充当增殖的基础，而科学技术则是充当增殖的手段。另一方面，科学技术应用的目的是为了获取垄断利润，从而获取高额资本，科学技术的研发是以市场为导向的，在一定意义上是与人的本质需要相脱节的。资本为了不断促进大众消费，于是构建一系列的文化意义和流行元素，从而创造虚假的大众需要，再借助对技术的垄断达到利润的最大化。技术的专利制度更是加剧了技术垄断，深化了剥削方式。所以，资本主义生产方式条件下的资本与科学技术共同构成对大众剥削的深化，并且通过资本和市场手段阻止对市场垄断以及资本主义统治有危险的科学技术进入，从而为科学技术打上了资本的烙印。

其次，科学技术的发展进一步分解了人类的劳动结构，带来了资本生产的隐蔽性。正如吉登斯所说，"工业生产和与之相关的持续不断的技术革命创造了效率更高和更为廉价的生产过程。劳动力的商品化是资本主义和工业主义之间的一个特别重要的连接点，因为它使得'抽象劳动'得以直接被列入生产的技术设计之中"①，在这个意义上，资本主义和工业技术被作为创造现代性的共谋者出现。一方面，通过对生产、分配、交换、消费过程中的程序分解，资本主义社会中出现大量代理人、经理人、中间机构等等职业，分解了劳动的过程，将劳动生产及其相关的过程拆散到了不同行业之中，形成相互依赖的结构，这样剩余价值的剥夺在某一个环节或

① 安东尼·吉登斯. 现代性的后果 [M] 田禾，译. 南京：译林出版社，2000：54.

者某一个方面来说就不那么显著、大量。劳动的分解过程同样需要大量的技术手段，包括信息技术、通讯技术、运输技术等等，以保证这种劳动环节的统一剥削成为可能，科学技术的发展为劳动环节的分解创造了重要的物质基础。另一方面，技术的发展推动生产技术的进步，在同一生产部门之中的劳动分工越来越精细，每个人的个体劳动被高效率组织形式的机器流水线划分成为若干个层次，导致劳动过程的片段化和个体在劳动中对自身本质的获取的片段化。社会化大分工的具体结构和程度依赖于技术在生产领域的具体运用，往往技术越先进，个体劳动就越微不足道，对个体劳动的需要也就越来越少，个体在劳动中对劳动过程的实现也就越来越少。

第三，科学技术为资本提供了加强社会监控的能力。正如恩格斯说到的："科学则在更大得多的程度上依赖于技术的状况和需要。社会一旦有技术上的需要，这种需要就会比十所大学更能把科学推向前进"①，阐述了从积极意义上社会对技术的要求。然而，资产阶级为了维持自身的统治，同样随着历史的发展对技术不断提出要求。在现代性条件下，资本主义社会实现了对卫星、大型技术机构、互联网等技术设施的大范围应用，也促进了资产阶级进行社会监控的强化，以更好地加强阶级统治的实践。这种社会监控的形式并不完全是暴力、强制或者压迫性的，而是无声的、贯穿在个体的生活世界的。资本主义国家利用互联网监控人们的搜索和应用，以计算个体乃至集体、集团的心态、意识和实践；同时通过学校教育和社会价值观教育，在大众意识中生成资本主义价值观念，并通过法律、社会规范加以诱导；资本主义通过消费社会的创建和现代传媒技术的发散，诱导人们的审美倾向、价值消费和行为习惯。一方面，投入如此巨大、全面的监控体系，不仅需要发达且隐蔽的技术网络，更需要资本的大量投入。这不仅仅是社会生产需求的一部分，也是资本为了维持自身的持续扩张在

---

① 马克思恩格斯文集第十卷 ［M］．北京：人民出版社，2009：668.

上层建筑的必要投入；另一方面，每个人的一举一动、一言一行都在资本主义社会的技术监控范围之内，这有利于资本家保持社会稳定、获取社会需求，以便于更好地推动社会生产和利润最大化。技术手段成为一种隐性的社会权力，"以一种越来越精微的方式繁衍、改造、吞并、创造和穿透躯体，并以越来越广泛的形式控制大众"①。

科学技术深化人们的技术异化，增强了资本的统治地位。技术异化与消费异化、身体异化等形式有着深刻的关联，共同构成资本主义现代性异化的形式。现代性世界中人们对于技术的依赖到了一个前所未有的程度，科学技术逐渐从延伸人的劳动能力、扩大人的类本质的实现能力的功能，转向到了外化于人并且成为人类行动和价值判断标准的工具性意识形态，使全社会"把已有的和可能的、已满足和未满足的需要之间的对立（或冲突）消去"②。一方面，技术成为了异化的中介形式。马克思认为，"无产阶级在这种异化中则感到自己是被毁灭的，并在其中看到自己的无力和非人的生存现实"③，而在技术异化条件下，技术不仅分解了人们的劳动过程，同样也分解了人们的异化感。劳动者与劳动对象的关系、人与人的关系的劳动关系和社会关系都被加以技术中介，改造了人们的生产与生活的实践形式，使得赤裸裸的资本剥削关系被技术手段掩盖，实现了技术异化。另一方面，技术重构了人们的情感、道德和价值倾向。技术生产手段的进步为无产者创造了相对增加的工资和闲暇时间，并且创造了多种形式的大众文化、流行和虚拟的时空形式。在这种现代性体验中，"它既创造了空间叙述（像在梦中一样），也赋予了空间一种外观——一个同时既掩

---

① Foucault，转引自杜艳华，贺永泰．马克思恩格斯现代性思想体系及其影响研究[M]．上海：上海人民出版社，2017：312．

② 马尔库塞．转引自李春火．马克思资本批判及其当代意义研究[M]．北京：中国社会科学出版社，2018：175．

③ 马克思恩格斯全集第二卷[M]．北京：人民出版社，2005：44．

饰又表达了它自己的生产面具（就像在一个魅像中）"①，人们的价值、情感等在这种环境下得到了虚假的满足，本质上是将非理性的、冲动性的诉求通过理性的、技术的形式实现虚假的表达，构成资本主义现代性社会中的隐形的安全阀机制。

正如科学技术可以作为资产阶级统治人、压迫人的工具，作为"摧毁了劳动在坚持与资本做力量悬殊的斗争使的最后一点力量"②，它也可以作为推动生产力发展、世界成为一个整体的进步力量一样；资本不可避免的内在矛盾运动同样会最终带来无产阶级革命力量的壮大、联合和反抗。技术与资本的关系"需要我们对现有的生产方式，以及和这种生产方式连在一起的我们今天的整个社会制度实行完全的变革"③ 才能够彻底得到改变，而使得技术解放出来，为无产阶级所利用，成为推动人类全面发展的解放力量。

三、马克思恩格斯现代性批判的基本方法原则

马克思对于现代性的基本态度是批判性的，这根源于马克思对于资本主义的基本态度，同时是建立在历史唯物主义的基本观点和方法原则之上的。批判性（Kritikos）意味着考察主体，即无产阶级及其立场的对于自身处境的认知与反思，进而在辩证对待作为资本主义的客体的历史作用和历史价值的基础上，通过揭示其内在矛盾从而唤起主体的革命性与反抗的实践。马克思主义的现代性批判立场遵循从抽象理性到现实理性、从资本到劳动、从资产者到无产者、从资本主义到社会主义与共产主义的内在逻辑，从而为资本主义现代性批判赋予了科学性、实践性与超越性的特质。

---

① 斯蒂夫·派尔. 真实城市 [M]. 孙民乐，译. 南京：江苏教育出版社，2013：67.
② 马克思恩格斯选集第三卷 [M]. 北京：人民出版社，1995：472.
③ 马克思恩格斯全集第二十卷 [M]. 北京：人民出版社，1971：521.

马克思的现代性批判通过对资本主义社会既定现实的揭示，从而确立了自身的无产阶级立场。

马克思的现代性批判真正跳出了资本主义自身的现代性批判的逻辑，跳出了哈贝马斯口中"认知兴趣普遍存在于对自然与社会的工具性控制当中"① 的局限性。马克思的现代性批判的指向性通过质疑资本主义存在本身的合法性从而"找到理解全部社会史的钥匙的新派别"②，并且赋予了批判性理论以实践本性，并立足于对社会历史全面的理解来构建一种可供超越现存的革命的科学理论形式。马克思的现代性批判方法正是基于这种逻辑来构建自身的方法指向的。

现代性本身就是一项包罗甚广的巨大工程，而马克思主义正是从现代性庞大的总体架构的高度上来把握它的一般形式的。马克思的现代性批判遵循马克思主义分析人类社会和历史的基本方法原则，并且在其中贯穿着政治经济学和科学社会主义的一般原理，即在生产力和生产关系为基础的资本主义社会矛盾运动的逻辑最终会指向它自身的否定和无产阶级的胜利。所以，马克思的现代性批判思路仍然是基于社会历史辩证法的一般逻辑和资本主义理论的具体逻辑的。由此呈现了总体性、辩证性、时代性与阶级性的特征。

总体性方法是马克思主义考察现代性的基本方法原则。总体性范畴虽然来源于卢卡奇的观点体系，但实际上在马克思的话语与科学方法的应用中就得以体现，是唯物辩证法进行社会历史批判的方法原则。在马克思的辩证法体系中，主观辩证法和客观辩证法共同存在并构成了关于世界和思维的辩证图景，并且认为主观辩证法是客观辩证法的正确反映，完成了思维与现实的辩证法相统一的观点。现代性的蔓延使得包括政治、经济、文

---

① 马克·布朗. 民主政治中的科学 ［M］李正风等，译. 上海：上海交通大学出版社，2015：115.

② 马克思恩格斯选集第四卷 ［M］. 北京：人民出版社，1995：258.

化甚至思维方式和社会关系都面临重构，正如马克思所说"一切固定的僵化的关系以及与之相适应的素都被尊崇的观念和见解消除了"① 来表达现代性对整个社会世界的总体性改造。在此基础上，马克思的现代性批判也贯穿着这种总体性的原则。

首先，马克思认为现代性世界是一个总体性的世界，而不是只局限在某个领域，体现出社会研究的总体性视野。正如 20 世纪早期卢卡奇的总体性观点所说，现代社会与以往所不同的正是社会历史各个领域密切的相互关联并且相互影响，"只有根据这种联系，才能把社会生活孤立的事实看作为历史进程的各个联系环节，并且把它们归纳为一个整体，对事实的认识才能够有希望成为对现实的认识"②，意味着只有充分认识到社会历史各领域各维度相互关联的总体性特征，才可能为有效的认识社会某个方面甚至整个社会创造前提。卢卡奇看到了社会各要素日益紧密联系的现代世界，自己提出了这样一种与社会历史事实相适应的研究基调。

其次，马克思认为对社会历史的认识也必须具有总体性的观点和方法，才能为正确认识现代性创造理论前提，体现了社会历史研究的总体性方法。虽然马克思的现代性批判是通过批判抽象理性从而进展到生产力和生产关系、资本和劳动等一系列资本主义基本矛盾的主线展开的，但这并不意味着马克思的思维方法是纯粹经济学的，更不意味着马克思的现代性批判仅仅关注资本主义经济领域。在揭示生产资料私有制是资本主义现代性危机的根源的前提下，马克思通过对人的异化、社会文化和政治制度的历史性的批判，展开了关于现代社会各个领域受到现代性支配的现状。在此基础上，社会历史各领域的现代性特征则统一于资本主义政治经济制度的根本特征之中。马克思认为以生产异化而展开的社会各领域都被笼罩在

---

① 马克思恩格斯文集第二卷 [M]．北京：人民出版社，2009：34.

② 卢卡奇．历史与阶级意识 [M] 张峰、王伟光，译．北京：华夏出版社，1989：11.

一种异化的关系之中，"通过异化劳动，人不仅生产出他对作为异己的、敌对的力量的生产对象和生产行为的关系，而且还生产出他人对他的生产和他的产品的关系，以及他对这些他人的关系"①。从而在对社会事实的分析中确立自身理论的总体性构架，即将社会历史各领域看做一种统一总体的运动过程。在马克思之后，以卢卡奇和霍克海默为代表的西方马克思主义者进一步发展这种总体性的思维方法。他们在理论方法中认识到了现代性对现代人和社会的统治进入到更深的层面，进而他们所着力揭示的人的生存状况的异化也随之涉及精神心理科学、现象学等等不同的层面，这不仅反映了现代性不断深入发展的事实，也表达了总体性理论对于现代性研究的进一步整合和前进。列宁认为，马克思主义是一个整纲的观点，正是揭示了马克思理论进行分析批判时所运用方法的总体性。所以在马克思看来，现代性自身的总体性特征对相应的理论提出了新的要求，即将总体性作为一种现代性的分析范式的前提下，不仅需要应用多种理论资源对现代社会进行具体的、综合的、统一的分析，也需要将各种社会研究对象作为不同社会领域或方面共同作用的结果，"《资本论》就是这一总体性方法的典型范例……完整的理论表现为一个具体与总体辩证统一的逻辑结构，成为一个看似'先验'的体系"②。

第三，马克思认为资本主义现代性对社会的压迫和统治具有总体性。马克思现代性批判是基于资本主义批判而展开的。在马克思看来，资本主义条件下现代性导致的压迫、异化和剥削并非仅仅局限在政治和经济领域，而是普遍的、总体的。马克思在分析异化的过程中，指出劳动异化包括劳动者与其劳动产品的异化、劳动过程的异化以及劳动者与其类本质的异化等多个层次，相对应的则是异化在以劳动者和劳动过程、劳动产品为

---

① 马克思恩格斯文集第一卷 [M]．北京：人民出版社，2009：165．

② 罗骞．论马克思主义的现代性批判及其当代意义 [M]．上海：上海人民出版社，2007：199．

核心的社会经济领域之中的全面展开。正如马克思所说，"它尽可能地消灭意识形态、宗教、道德等等，而在它无法做到这一点的地方，它就把它们变成赤裸裸的谎言。它首次开创了世界历史，因为它使各个文明国家以及这些国家中的每一个人的需要的满足都依赖于整个世界，因为它消灭了各国以往自然形成的闭关自守的状态。它使自然科学从属于资本，并使分工丧失了自己自然形成的性质的最后一点假象"①。所以，资本主义现代性在不同的方面展开了它的总体性的统治。在经济基础方面，正因为资本主义生产方式统治了整个世界，资本家榨取工人的剩余价值，使其"沦为机器，沦为资本的奴隶"②，而整个社会的生产方式不仅剥离了无产者的本质，也改造了资产者使之同劳动、商品甚至自然相异化，"有产阶级和无产阶级同样表现了人的自我异化"③。在上层建筑方面，随着劳动和劳动对象异化为主的经济基础的异化，大众文化、宗教与伦理道德等方面的异化表现出人已经失去了自身的类本质，与自身真正的自由的自然状态相隔绝，从而只能依附于由资本和商品关系为基础构建起来的社会关系，"异化劳动从人那里夺去了他的生产的对象，也就从人那里夺取了他的类生活"④。在全球关系方面，现代性颠覆了以往世界那种分割的、相互孤立的关系，将世界通过资本和商品联系成为了一个有机的整体。任何一个国家都变得对世界体系产生依赖性，从而构成了全球的总体性。在其中，资本主义发达国家处于主导地位，向外输出商品、资本、制度、生产方式以及污染，而落后国家遭受着严重的资源、人口与环境剥削。这种压迫和剥削是建立在全球总体性的基础之上的。时至今日，诸如环境、资源等问题的全球性正是因为资本主义世界体系的统治和剥削造成的。

---

① 马克思恩格斯文集第一卷 [M]．北京：人民出版社，2009：566.
② 马克思恩格斯文集第一卷 [M]．北京：人民出版社，2009：121.
③ 马克思恩格斯文集第一卷 [M]．北京：人民出版社，2009：261.
④ 马克思恩格斯文集第一卷 [M]．北京：人民出版社，2009：163.

第四，马克思对于资本主义现代性的超越构想具有总体性。马克思并没有简单停留在对资本主义现代性的总体批判之上，而是通过对资本主义历史局限性本质的揭露来构建超越资本主义现代性的科学方法。马克思并没有将资本主义现代性的超越简单看做是一种经济或政治的单一范畴，正如拉兹洛指出当代世界的囚徒困境，"无论穷国富国，绝不会独树一帜地将武器熔化了铸成犁头"① 一样，任何单一领域的解放都不能称之为真正的解放。在革命领域上，马克思正是通过无产阶级的总体性革命和总体性解放来超越资本主义现代性的。在马克思看来，"共产党人到处都支持一切反对现存的社会制度和政治制度的革命运动"②，从经济生产领域出发，进而使得"迷信、非正义、特权和压迫，必将为永恒的真理、永恒的正义、基于自然的平等和不可剥夺的人权所取代"③，从而完成经济基础和上层建筑、生产力和生产关系的总体解放。同时，马克思在资本主义世界体系理论的基础上推断最终无产阶级革命必然是全球性的，即基于密不可分的世界总体的，这同样也反映出了现代世界是一个相互关联的总体的事实。正如卢卡奇说"这种辩证法的整体概念似乎已经远离现实，似乎很'不科学'的塑造现实。但是他是能够理解和再造现实的唯一方法。因而，具体的整体性是支配现实的范畴"④ 马克思对于资本主义压迫剥削的总体性的批判必然会上升到关于无产阶级和人类解放的总体性批判之上。

马克思的现代性批判具有辩证性的特征。这意味着马克思对于现代性的基本态度并非是完全的肯定或否定，而是在肯定现代性重要历史意义的基础上指出其中的历史局限性和建构的有限性，从而辩证地历史地指出现代性的生成、前景和出路，这构成了马克思对于现代性自身辩证特征的基

---

① 拉兹洛. 人类的内在限度 [M] 黄觉、闵家胤，译. 北京：社科文献出版社，2004：40.
② 马克思恩格斯文集第二卷 [M]. 北京：人民出版社，2009：66.
③ 马克思恩格斯文集第三卷 [M]. 北京：人民出版社，2009：524.
④ 卢卡奇. 历史与阶级意识 [M] 张峰、王伟光，译. 北京：华夏出版社，1989：11.

本回应。这种辩证性包含了三个基本的范畴：

第一个范畴，是资本主义现代性与马克思对它的批判一样，都具有内部高度关联和复杂的相互关系和体系，从而呈现辩证性的主客观世界。这个体系并非是抽象的纯粹概念的体系，同时这个体系是遵循生产力决定生产关系、经济基础决定上层建筑的社会基本矛盾运动的。马克思反对将辩证法图景停留在概念的或者是抽象的领域："为历史的运动找到抽象的、逻辑的、思辨的表达，这种历史还不是作为既定的主体的人的现实历史，而只是人的产生的活动、人的形成的历史"[①]。而资本主义基本矛盾的辩证运动则是整个社会辩证图景的核心和根源，"从现在起，可以把所有这些弊病完全归咎于已经不适应当前情况的社会制度"[②]。所以说，资本主义现代性的自我运动是通过社会基本矛盾的辩证运动而展开到社会各个领域的，因而马克思的现代性批判也遵循着同样的逻辑，从社会基本矛盾出发分析资本主义现代社会。那么，资本主义现代性由于社会基本矛盾在其框架之内的不可解决性，才意味着只有通过超越资本主义，才有可能实现现代性内在矛盾的根本解决。而那种以资本主义的合理性论证理论、福利国家理论、政治改良理论或者新自由主义等等试图在不动摇资本主义基本制度框架的前提下消除资本主义现代性的种种弊端的构想是不可能实现的。也正因为如此，马克思恩格斯在阐述资本主义现代性的超越问题上，简洁明了地指出共产党人就是要消灭私有制，进而消灭资本主义制度从而实现现代性对资本主义的超越。

第二个范畴，是马克思的现代性批判并不是单纯的鞭笞和谴责，而是在充分肯定现代性的重要历史意义的前提下揭示其内在局限性，构成了马克思对于现代性的辩证态度。马克思认为，资本主义现代性为世界带来了

---

① 马克思．1844 年经济学哲学手稿［M］．北京：人民出版社，2014：94．
② 马克思恩格斯文集第一卷［M］．北京：人民出版社，2009：683．

反对神学统治的世俗的、理性的光辉，并且带来了思想的解放；肯定了资本主义带来的生产力的巨大进步和社会面貌的巨大变化；论述了资本主义现代性的全球扩张对世界文明进程的推动；并且充分认识到了资本主义现代性的发展为进一步的人类解放奠定了坚实的物质基础和思想前提。这一系列观点构成了马克思对于现代性的高度赞扬，认为它带来了"以物的依赖性为基础的人的独立性"① 以及"只有当交往成为世界交往并且以大工业为基础的时候，只有当一切民族都卷入竞争斗争的时候，保持已创造出来的生产力才有了保障"② 来从政治、经济多个方面阐述资本主义现代性的积极意义。而马克思并没有停留在对现代性的赞扬之上，而是将现代性对社会历史的积极意义作为其进行自我内在超越而创造的基础。马克思立足于历史唯物主义的方法论基础，将资本主义现代性作为一个生产力和生产关系的矛盾体，一方面巨大的生产力奠定了物质基础，另一方面不平等的生产关系则是资本主义历史性的根源，所以"资产阶级除非对生产工具，从而对生产关系，从而对全部社会关系不断地进行革命，否则就不能生存下去"③，从而将这个辩证运动直接指向生产力和生产关系在无产阶级革命基础上的更高阶段的统一上。

第三个范畴，即无产阶级的革命主体性和资本主义的客观性之间的辩证性。片面地强调主观因素，试图用人的力量超越客观实际的限制和片面强调客观性，从而忽视人的、尤其是无产阶级的主体性都是错误的观点。这无论在马克思主义者的理论论述中，还是在共产主义运动史的革命实践中都得到了充分的体现。马克思批判了寄期望于资本主义发展而自然形成向社会主义过渡的空想社会主义的观点，指出"工人阶级的解放应当是工

---

① 马克思恩格斯文集第八卷 [M]．北京：人民出版社，2009：52.
② 马克思恩格斯文集第一卷 [M]．北京：人民出版社，2009：541.
③ 马克思恩格斯文集第一卷 [M]．北京：人民出版社，2009：530.

人阶级自己的事情"①，认为资本主义现代性的内在矛盾只有通过无产阶级的反抗与革命才有可能实现超越，而许多不彻底社会主义与改良主义则是"愿意要现存的社会，但是不要那些使这个社会革命化和瓦解的因素"② 是不可能真正实现人的解放和现代性的自我超越的。无产阶级主体性在社会历史发展的辩证运动中不是置身事外的，而恰恰是资本主义内在矛盾激化的一个客观环节，而这需要通过作为阶级主体性的每个人的主体性的共同实现，这正体现了作为革命力量的主体性和现代性的客观性之间的辩证关系。

革命性是马克思现代性批判的根本实践指向。马克思的现代性批判内在的蕴含着无产阶级的价值立场，并且通过辩证唯物主义和历史唯物主义的科学理论揭示了无产阶级需要发生革命取代资本主义的实践方向，从而实现了马克思批判话语阶级性和科学性的统一。从而实现了无产阶级的革命主体性，革命行动的实践性与方法的科学性的统一。

"无产阶级革命话语就是在批判现代性解放没有实现人真正的自由、平等和博爱的思想背景中出现的，它首先具有一种价值上的担当"③，就确定了革命的主体是无产阶级，对象是资本主义。马克思的无产阶级立场并非是一开始就有的，而是在对黑格尔哲学在内的理性的构造的抽象性展开怀疑的结果。一方面，马克思通过将启蒙思想宣扬的自由平等的理想进行批判地扬弃，认为资本主义并没有在现实中实现这些抽象的理想；另一方面，他将对抽象理性的批判同对资本主义现实社会制度的批判结合起来，使现代性批判的话语具有了坚实的现实基础。这样，无产阶级价值的立足点就不是抽象、永恒的，而是具体、历史的，具体到资本主义的社会状态

---

① 马克思恩格斯文集第二卷 [M]．北京：人民出版社，2009：14.
② 马克思恩格斯文集第二卷 [M]．北京：人民出版社，2009：61.
③ 罗骞．论马克思主义的现代性批判及其当代意义 [M]．上海：上海人民出版社，2007：203.

下，无产阶级的价值就在于"只有当现实的个人把抽象的公民复归于自身，并且作为个人，在自己的经验生活、自己的个体劳动、自己的个体关系中间，成为类存在物的时候，只有当人认识到自身'固有的力量'是社会力量，并把这种力量组织起来因而不再把社会力量以政治力量的形式同自身分离的时候，只有到了那个时候，人的解放才能完成"①。在此基础上，马克思得出了资产阶级与资本主义并不能真正实现启蒙运动宣称的人的真正的自由和解放的结论，并从其经济学哲学批判中演绎出了人的异化和生产资料私有制的本质关联，就使得马克思自然占到了无产阶级的革命立场之上，而不是构建一个虚幻的、抽象的理性乌托邦。

革命行动的实践性是无产阶级价值实现的根本路径和方法。只有通过革命实践，才能真正的改变社会的生产资料所有权，构建起没有剥削和压迫的社会经济形式，实现社会形态的更迭。马克思十分清楚地认识到了无产阶级取的真正主人地位不能够依靠资产阶级改良的怜悯，"要在资产阶级共和国范围内稍微改善一下自己的处境只是一种空想……就有一个大胆的革命战斗口号取而代之，这个口号就是：推翻资产阶级！工人阶级专政"②。在吸取巴黎公社革命的经验教训之后，马克思指出"不应该再像以前那样把官僚军事机器从一些人手里转移到另一些人的手里，而应该把它打碎，这正是大陆上任何一次真正的人民革命的先决条件"③，指明了无产阶级必须通过革命斗争的形式，把国家机器掌握在自己手中，才可能带来革命的胜利。而不能对资产阶级抱有不切实际的幻想。同样，无产阶级专政的实践不仅仅涉及夺取政权的环节，在社会主义国家政权的保持、发展等方面也具有重要意义。马克思指出无产阶级专政是为了进一步消灭阶级及其产生的生产关系、上层建筑形式的过渡阶段的必然方式，巩固无产阶

---

① 马克思恩格斯文集第一卷 [M]. 北京：人民出版社，2009：46.
② 马克思恩格斯文集第三卷 [M]. 北京：人民出版社，2009：103.
③ 马克思恩格斯文集第三卷 [M]. 北京：人民出版社，2009：151.

级政权，加强社会主义经济与民主建设，为国家和阶级的消亡作出充分的准备。这表达了无产阶级的根本价值即社会主义与共产主义，同时也是马克思现代性批判的根本实践指向。

马克思的现代性批判是随着时代发展而不断自我丰富和完善的。因为现代性世界的日新月异要求着相应的理论必须也随之更新自身的范式、观点和方法，并且不断地使理论更加具备解释力和面向未来的实践活力。同时，社会科学的不断发展给予资本主义现代性以更复杂的诠释结构，其总体性特征也随之越来越具备多样性和复杂性，并且呈现着更加深刻复杂的辩证法。因此，马克思主义也应当在坚持辩证唯物主义和历史唯物主义的方法原则的前提下，充分吸收各个学科的最新的方法、范式和理论，以丰富自身理论适用性以及加强自身的解释力，更加深刻而全面地认识到当代资本主义运行机制、矛盾结构等方面的特殊性，并充分认识到其对历史进步的有利方面和积极因素，才能够更好地指导批判理论的革命性实践，更好地完成马克思主义的使命。

第六章 当代话语的启蒙对话

在长达一个世纪的时间里，马克思遭到了持续的、大规模的、激烈的和思想上决不可忽视的批评，马克思的地位正是在这样的情况下实现的。许多最优秀的心灵全力以赴地尝试证明马克思的错误和不准确之处，包括许多后来变成批判者的曾经的马克思主义者。这是那些改变思想世界的思想家们经常遇到的遭遇。然而，其他这样一些人物从整体上看似乎没有如此多舛的命运，严厉的思想批判也仅限于专业领域。在马克思逝世 100 周年之时，马克思的思想尽管遭到了任何人在钢笔、铅字、公共平台或者在适当的情况下审查者的蓝色铅笔和特殊警察的范围内的上百年的集中火力攻击，但是它们仍然幸存了下来。马克思本人的思想地位并未陷入严重的问题中。更重要的是，在全球的思想领域中，马克思的思想肯定比以前成为更广泛地存在；他的著作和受其启发的著作具有更广泛的影响，得到更广泛的阅读和讨论……马克思的地位并未改变。①

---

① 埃里克·霍布斯鲍姆. 如何改变世界：马克思和马克思主义的传奇［M］吕增奎，译. 北京：中央编译出版社，2014：323-324.

一、早期西方马克思主义的批判

马克思的早期著作，尤其是《1844 年经济学哲学手稿》中对于主体性和异化理论的阐述成为西方马克思主义的直接理论来源。同马克思着眼于政治经济学上的异化批判所不同的是，以卢卡奇、葛兰西、布洛赫等人为代表的早期西方马克思主义者身处现代性和资本主义统治更加深入的时代，也更着眼于文化与社会的异化批判，同时也在提高马克思主义理论的批判和诠释能力。其中，以卢卡奇和布洛赫为代表的早期西方马克思主义者具有典型的启蒙批判色彩。这从一方面代表了马克思主义解释能力的不断增强，另一方面也显示了现代性控制领域的不断延展。

毋庸置疑的是，异化作为启蒙现代性的典型后果，将人的理性与感性、客观性和实践性、现实性和潜在性、劳动性与创造性割裂开来，从生产劳动层面到社会文化层面构成了物化的、客体化的与机械化的客观化的人。卢卡奇在《历史与阶级意识》中开宗明义，"人的一切关系的物化，不顾直接生产者的人的能力和可能性而对生产过程做抽象合理分解的分工不断扩大，这一切改变了社会现象，同时也改变了理解这些现象的方式"[1]。资本主义生产方式造就了客体化人与人的实践对象，工具理性合理化程度不断加深，从而在生产活动中失去创造性和主动性，最终沦为没有意志和思想的作为机器的人，由此形成了一种"孤立的分子"[2] 的人。

在此基础上，资本主义生产关系和社会关系发生了重大的变革，以适应这种新的物化条件的社会生产系统的形式。人与人之间真正的关系被扭曲成为作为物化人在社会中生存的合理性形式，并且从身体到意识都被奴役在现实的资本与商品的量化关系之中。在此基础上，资本主义建构了其量化的政治、道德与法律。

---

[1] 卢卡奇 . 历史与阶级意识 [M] 杜章智，译 . 北京：商务印书馆，2004：54.

[2] 卢卡奇 . 历史与阶级意识 [M] 杜章智，译 . 北京：商务印书馆，2004：153.

卢卡奇认为，资本主义对人的物化"产生出一种非常迎合这种看法的社会结构"①，所以，正确认识并揭示这种结构就成为了改变资本主义的前提，"总体性"概念呼之欲出。社会现实对人和物的孤立化同时也带来了对经济和社会事实拜物教的孤立量化的观念体系，从而创造了专门的"科学化"诠释方式。卢卡奇认为，这正是对马克思主义理解辩证法缺失的结果，所以人们的理解方式是资本主义建造的结构，而"只有在这种把社会生活中的孤立事实作为历史发展的环节并把它们归结为一个总体的情况下，对事实的认识才能成为对现实的认识"②，在资本主义意识形态看来，辩证地、历史地看待社会世界是不"科学"的，而恰恰如此才能有效反映作为总体的现实。

所以，无产阶级意识的唤醒就变得十分重要。卢卡奇认为，物化使得总体性的丧失，并造成无产阶级成为资本主义机械系统中的一个环节，真正的无产阶级阶级属性被分离、肢解和掩盖，所以找回无产阶级的主体性变得十分重要。无产阶级基于历史辩证法实践的主客统一是解放的关键。从这个意义上讲，卢卡奇和马克思同样关注理性和资本主义后果的现实启蒙策略，马克思着重关注劳动过程造成的必然性，卢卡奇则是在社会意识形态维度试图达成再启蒙。

稍晚一些的布洛赫在某种意义上是被忽视的重要思想家，其原因可能在于其理论过于抽象、发散以及"不切实际"，而在本书看来这则是重要的启蒙手段。布洛赫的"希望"体现出了历史辩证法的思想，《希望的原理》一书可以称之为一本现代性启蒙的巨著。他将"尚未"这一基本概念作为与已存概念辩证相对的对立面，将现实与未来统一起来构成了从历史维度的辩证法体系。或者说，布洛赫建立的就是一个通过人的主体"希

① 卢卡奇. 历史与阶级意识［M］杜章智，译. 北京：商务印书馆，2004：54.
② 卢卡奇. 历史与阶级意识［M］杜章智，译. 北京：商务印书馆，2004：56.

望"将偶然性上升为必然性、可能性上升为真实性的历史概念。历史唯物
主义认为，历史客观规律是存在的，然而这绝不是先验的存在，而是通过
人的潜在的自由倾向达成的。这也就是说，首先，人的本质中存在超越的
倾向，这个特质十分近似于莱布尼茨所说的"观念与真理是作为倾向、禀
赋、习性或自然的潜在能力而天赋地存在于我们心中……但这种潜在的能
力永远伴随着与之相适应的、常常感觉不到的现实作用"①。但这种倾向并
不是一种人本身具有的先验潜能，而是社会历史赋予的历史倾向，这就决
定了超越与希望是针对现实世界的。其次，历史就是通过这种超越倾向实
现的，也就是说，"尚未存在"的范畴就是人的自由上升为必然的范畴，
人是乌托邦的主体，人的主体功能就是通过乌托邦精神进行主动驱动的，
以达成"尚未存在"。换句话说，人就是历史的核心。那么，现实世界与
人的可能性希望就成为融合为一体的辩证法，这个辩证法的基础就是"尚
未存在"，而不是实证化的现实世界。由此希望哲学就成为了历史性的，
而非片段化，封闭式的哲学。在布洛赫看来，马克思主义正是一种"未来
的哲学，也是在过去中蕴含着未来的哲学"②。

　　希望作为人的生存结构，是人的内在倾向性与可能性的哲学表达，成
为连接历史与未来的重要桥梁。作为人本主义哲学家，布洛赫十分关注人
的历史主体意义，将人的本质能力作为人类本身的进程主线来看待。希望
就是这样一种超越性本质，通过历史与未来，人的倾向与社会历史规律的
辩证统一，从主观—客观层面不断超越现存，显示出希望哲学的批判
本质。

　　希望哲学在主客体对人的本质的分析，实际上就是重新揭示了马克思

---

　　① 莱布尼茨. 转引自西方哲学原著选读上 [M] 北京大学哲学系外国哲学教研室编
译. 北京：商务印书馆，1982：495-496.

　　② 布洛赫. 希望的原理（第一卷）[M] 梦海，译. 上海：上海译文出版社，2012：
10.

关于实践的本质。主体基于一定的历史社会条件之下的产生倾向性，并且通过可能性将这种期待转化为客观的希望。这里就包含三个命题：希望是基于社会实践创造的；希望是基于社会实践达成的；希望是人的主体活动。第一点体现了希望的社会基础，第二点体现了希望的社会实践本质，第三点则体现了希望的主体性。

希望范畴是基于人的内在倾向的，这种倾向由社会历史赋予，由于社会历史本身就具有潜在的动力，这种动力即是人的潜在性的反映，又是人的主体潜在性的现实介质，"一切超然于可思考的东西的可能性都意味着某种开放性"[1]。人就是通过这样的主客运动达成希望本身，从倾向性出发的主观希望不断被赋予与规定各种可能性，以实现客观希望的达成。恰恰，尚未存在转化为存在这一变革就显示了希望的批判意义，即超越现实的意义。

希望哲学不是解释的哲学，而是干预的哲学。布洛赫本身就将哲学作为一种帮助人否定与超越现存的意识，哲学与社会是互动的。希望与可能性是相连的范畴。在本质上，只有人的存在与超越拥有这样一种可能性，希望本身才有达成的意义。在人的存在的社会实践的基础上，客观世界与客观意识在不断的展开，人的期待意识随着人的可能性的客观创造也进一步展开。希望本身的达成就是人的主体可能性不断达成的过程，这就意味着不断的介入社会历史，并且将这种主体作为超越的基本动力。这里就从实践本身的批判性构建起人—世界的连续批判。

主体性是基于人的角度而言的，社会实践的本质已经规定了人是希望运动的主体，实际上，正是通过实践使人的主体性得以发扬，人的主体性全部才得以真正的实现，即从社会中实现人的倾向，通过实践将这种倾向

---

① 布洛赫.希望的原理（第一卷）[M] 梦海，译.上海：上海译文出版社，2012：270.

不断上升为客观希望，进一步将希望不断在主观与实践上指向"尚未存
在"的乌托邦。主体实际上是在客体中不断超越客体的，所以说希望哲学
的批判本质核心在于主体的批判实践。

可以说，布洛赫希望哲学的基本范畴中无处不在体现批判的思想维
度，无论是人的倾向性对尚未存在的指向，还是期待与新奇性指向客观存
在的可能性，都是深刻的把握了辩证法的精髓，对人类的发展进行的希
望。布洛赫评价马克思的哲学"深深根植于现在之中。马克思主义是新近
出现的、普遍发生的事情以及变化的科学，马克思主义恰恰在实际发生的
事情中，在当时决断的现实性中，在支配未来的现实中，证明自身的可靠
性和有效性"①，意味着他将马克思主义作为历史与现实世界运动中的潜在
性力量看待，认为马克思主义的运动并不是一个历史的观察者，而是历史
运动之中的环节，同样也可以理解为这是一种达成希望的主观形式。布洛
赫试图通过希望这一范畴所蕴含的现实潜力打破理性主义对于人的控制和
压迫，使得一种感性本质的潜力作为主体实践性生发出来，正如萨特所说
"希望存在于行动的性质本身之中"②。这对于后期本雅明的艺术批判等都
具有重要的意义。辩证法的本质的批判的、变革的、实践的，希望哲学也
是如此具有强烈的启蒙意义。

二、法兰克福学派的启蒙批判

康德的假想在现代性的后果之中得到了证伪。资本主义通过政治的、
经济的与文化的层面进一步地加深现实的二元对立。现代性带来了世界空
前的变革，同时带来了关于自由条件下的理性的分裂。这种分裂是社会意

---

① 布洛赫. 希望的原理（第一卷）[M] 梦海，译. 上海：上海译文出版社，2012：345.
② 萨特. 存在主义是一种人道主义 [M] 周煦良、汤永宽，译. 上海：上海译文出版
社，1988：36.

义上的，而非个人意义上的。主体之间社会背景的差异，使得关于掌握理性的不平衡逐渐拉大。理性的能力逐渐被专业身份所垄断，吉登斯（1992）将其称作脱域。在这个过程中伴随着科学与知识的建构主义结果，即有预谋的合法化。

这种二元对立的理论渊源在理论运动中得到不断地显示。启蒙的结果清晰地在社会领域显示康德的二律背反。作为社会理论产生的启蒙传统，理性化与主体性的矛盾在批判理论的诞生过程中具有重要的意义。

所以说，基于马克思主义立场的理论批判形式在 20 世纪中后期获得了更多的理论资源。作为一个具有重要影响的学术团体，法兰克福学派的研究是多方面的，是哲学的，社会学的，心理学的，并且每位代表人物的批判取向和理论重点都不尽相同，可以说法兰克福学派的理论是对 20 世纪中后期西方社会特点的集中反映。而且，霍克海默在建立法兰克福社会研究所的时候就明确地把他们的研究定义为建立"社会批判理论"，试图通过从全部人类文明成果来揭示人类在资本主义新情况下面临的困境，从而继承马克思主义的基本精神，对资本主义社会进行全面批判。法兰克福学派继承了早期的西方马克思主义者开辟的研究资本主义与人类命运的新道路，并且将这条道路不断的加深，使之成为一种典型的启蒙批判形式。

法兰克福学派早期的代表人物继续继承了批判主义的社会学取向，霍克海默在为整个学派奠定研究基调的时候，就将青年马克思的人本主义批判作为他研究的理论来源和基础。霍克海默认为：理论，尤其是社会理论分为传统理论和批判理论两种。传统理论指的就是以传统分工为前提的按照既定的学科划分而进行的专门研究，这包含了当下世上的大部分理论，这些理论具有着非批判的特征，是"超然物外"的知识理论。而批判理论则不同，按照霍克海默的说法，理论要拥有对现存的批判维度和超越维度，也就是说向青年马克思所说的那样，要通过实践去进行社会的变革，让理论的力量真正转化为改变世界的现实力量。从某种意义上讲，着眼于

学术领域理性化和封闭化的结果，批判理论的对象就是着眼于启蒙结果的
启蒙。他认为：

> 历史进程已在作为一种生产力的科学之上施加了诸多限制，
> 而这些限制表现在科学的不同部类：在它们的内容和形式上、在
> 它们的主题和方法上。①

那么，霍克海默的理论重点就在于将批判理论的地位重新树立，使之
成为人类历史进程的组成部分，成为人类自我实现的主观环节，将社会不
仅仅当做批判的对象，而更将其当做批判实践的本身。在霍克海默看来，
启蒙呈现一种神化的世俗化结果，他将启蒙本身作为为宗教祛魅而有代替
宗教成为新的奴役灵魂的方式，这种方式表现为理性主义的实证主义对人
的思维向度的消除，从而达成人及其社会关系的客体化。"个体只是把自
己设定为一个物，一种统计因素，或是一种成败。他的标准就是自我持
存，即是否成功地适应他的职业的客观性以及与之相应的行为模式。其他
一切事情，不管是观念，还是罪行，都受到集体力量，受到从班级一直到
工会这些集体力量的监控"②，表达了霍克海默对资本主义启蒙后果的根本
观点。

霍克海默与阿多诺在 1947 年出版的《启蒙辩证法》一书，展开了两
者对西方资本主义文化的批判。在对实证主义的尖锐批评中，霍克海默与
阿多诺解释了当代人类面临的诸多困境。这些困境不再是物质上的了，而
是由于物质世界的高度发展，传统的理性主义和技术乐观主义所期望的人
类利用自己所创造的文明去建立美好的现实世界并没有达到，反而这些物

---

① 马克斯·霍克海默. 批判理论 [M]. 李小兵等，译. 重庆：重庆出版社，1989：7.
② 霍克海默，阿道尔诺. 启蒙辩证法 [M] 渠敬东、曹卫东，译. 上海：上海世纪出
版集团，2006：22.

质开始显现出了统治人的力量。韦伯在更早的时代曾经提出了铁笼困境这一论断，所标明的就是人类在世界普遍都笼罩在异化困境之下的无能为力，"思维把自身客体化为一种不由自主的自我推动过程，客观化成一种机器的化身，这种机器是在这个过程中形成的，以便最后思维能够被这种机器彻底取代"①。正是基于这点，对现代社会人的困境的批判就是对技术理性的批判，从而通过批判技术理性所创造的异化世界去进一步批判现代人在大众文化，意识形态，心理机制和性格结构等方面的歪曲。

　　启蒙精神的基本目的就在于通过人对理性不断改变世界，试图从理性上主宰世界，实现人的根本自由与自我确定权，人的理性越发达，人类得到的自由就越多，人以自身为中心就开始了对世界的征服。然而，理性却是以辩证法的否定自身的过程实现的，那就是理性非但没有给人创造一个美好的，完全实现人的自由的天堂，反而使人进入了一个被人破坏的自然环境之下的人本身与人与人和人与自然普遍异化的世界之中，人与物的统治地位相互颠倒过来，人变成了受动者。在异化的前提下，人的主体性丧失，人的生存只是在受动的完成技术理性要求的任务，人与人的关系受到技术理性的控制，从而物化，扼杀了人的自由。所以在此基础上，启蒙以一种新的上帝、神话的形式出现，在霍克海默和阿多诺看来，启蒙仍然是没有完成的祛魅，"被启蒙运动加以炫耀的进步理念实际上被启蒙和神话的隐秘的同一性所破坏：'启蒙回到了神话，启蒙根本不知道如何闪避神话'"②。

　　在这个基础上，霍克海默与阿多诺对技术理性统治的方式进行了研究，将矛头指向了对大众文化的批判，其核心就是对文化工业这一现象的

---

　　① 霍克海默，阿道尔诺.启蒙辩证法［M］渠敬东、曹卫东，译.上海：上海世纪出版集团，2006：45.

　　② 安东尼·J.卡斯卡迪.启蒙的结果［M］严忠志，译.北京：商务印书馆，2006：39-40.

探析。在现代社会，大众传媒的发达和普遍价值观的树立，使文化失去了超越性与创造性，即将人显露本心实质的性质同样异化使人在主观意识上陷入了异化事物的圈子。真正的艺术在霍克海默和阿多诺看来应当是寻求自由和超越的事物，是独立的，表达超越社会意识形态的真正的美的，这就使艺术具有了否定性与反抗性，"反抗的要素内在地存在于最超然的艺术中"①。而现代社会的异化所带来的则是失去了个性与自由的文化，文化被彻底的市场化，意识形态化与偏离化，像工业一样，批量的产出，制造作为商品来对大众进行欺骗的统治。大众文化由此具有了商品化、齐一化、欺骗性、操纵性与统治性的特征，带来创造性的丧失，个性的虚假以及超越维度的消解，大众文化成为了单向度的，难以超越的统治方式。

马尔库塞和弗洛姆从弗洛伊德主义的性格分析结构方向入手分析现代人的异化。马尔库塞将资本主义社会称为"没有反对派的社会"，因为"面对发达工业社会成就的总体性，批判理论失去了超越这一社会的理论基础"②，这表达出发达资本主义社会的一种特殊的结构，即对批判性和否定性的消解。在这个意义上，启蒙转向了其批判精神的反面，将其批判的内容代替批判的精神作为确定性而固定下来。

技术统治与单向度的人是马尔库塞思想的基础，单向度的人所指称的就是异化的人的生存方式。与霍克海默不同的是，单向度的人是一种性格结构，是一种人在整个社会应该对社会的反抗与否定被技术理性所同化和消解，使人失去了超越本我的维度。与启蒙辩证法的思想所不同的是，单向度的人是从人的内部心理机制来研究的，而霍克海默是从社会文化的整体层面进行的研究。对于人的这种异化的困境，就是来源于技术理性的统治，对此马尔库塞提出了一个著名的公式：技术进步＝社会财富的增长

---

① 马克斯·霍克海默. 批判理论［M］李小兵等，译. 重庆：重庆出版社，1989：259.
② 马尔库塞. 单向度的人［M］刘继，译. 上海：上海世纪出版集团，2008：5.

（即国民生产总值的增长）＝奴役的扩展。这就带来了技术理性的两面性，使整个资本主义国家的统治带有一种极权主义的性质，这就超越了以往资本家对工人的无情剥削，而转变成了利用技术理性所创造出来的消费品；技术使生活水平不断的提高，民主程度不断加深；技术所带来的自动化生产提高劳动生产率，降低工作强度与时间，中产阶级的膨胀；技术普及所带来的工人既得利益的增加，使广大的人民心甘情愿的接受技术理性带来的统治，真正成为了单向度的人。技术与理性中介不仅构造了人和社会发展的基本目标领域，同时也将人彻底与物等同，"只是在技术中介中，人和自然才标称可以替换的组织对象。把他们统摄于其下的那些设施的普遍有效性和生产能力，掩盖着组织这些设施的那些特殊利益集团。换言之，技术已经变成物化——处于最成熟和最有效形式中的物化——的重要工具"①。

现代人的心理机制具有了压抑性的特征，所以马尔库塞提出了技术异化的扬弃概念，即将价值与艺术整合在技术之中形成新的自由的特性，构想出来一整套非压抑性心理机制的蓝图，来作为消解异化、改变社会的途径。从这方面而言，感性在马尔库塞这里重新得到重视从一定意义上是对被忽视启蒙精神的回归。

弗洛姆更多的是对人本身的性格机制进行分析，这主要体现在他对逃避自由的心理机制与非生产性的性格结构的分析。后者更多的属于心理学，这里就不再赘述。通过对人的深层次的性格机制的分析，对这些结构中的异化进行批判而树立起马克思主义的人道主义取向。这就起始于弗洛姆对人的个体化进程的分析上，个体化作为人与自然矛盾的产物产生了双重后果，即人与自然的统一与对立，这与社会化的概念类似。但是弗洛姆赋予了人本身或者是人类社会的个体化以双重后果，是在历

---

① 马尔库塞.单向度的人 [M] 刘继，译.上海：上海世纪出版集团，2008：134.

史进程本身中出现的自由与孤独并存的结果。人是不能逃避这种现状的。通过对安全但不自由的传统人与自由却有孤独现代人的对比，弗洛姆发现，现代人的心理机制就是逃避自由，这一机制有极权主义和攻击破坏性、舍己的自动适应三个表现形式，这些都来源于孤独的现代人的性格本质。如果要超越这一困境，就必须要寻找"积极自由的存在状态"，来发挥自己的个性，实现真正的自由，重新占有生活方式。与马尔库塞一样，弗洛姆在对如何消除异化的弊端上也是缺乏根基，但他们都承认，辩证法所规定的否定意义是可以通过人的主体性解放的显现而上升成为社会运动的。

哈贝马斯继承了前辈关于科学技术的两重性的理论观点，并且进一步将科学技术在作为几乎生产力的全部的同时也在通过其控制范围让人类社会意识形态化。科学技术社会三者的互动已经空前的紧密，资本主义国家利用科学技术的发展创造了一个科学技术的意识形态，这种意识形态在发达的工业社会可以转变为一种文化形态。哈贝马斯利用马克思本人对意识形态的看法，即对意识形态本身的批判的看法，在霍克海默与马尔库塞的基础上，哈贝马斯提出了技术理性统治作为新的意识形态的特点，包括与旧的意识形态相比的统治差异使人更加难以抗拒，由此成为了现代统治合法性的基础。他在解决技术走向技术理性统治的原因时创建了以兴趣为导向的认识论，通过这样的认识论的建立，把认识本身批判化，作为对社会生活的自我反思，而不是单纯的旧的主客认识体制。这就给认识赋予了理性，并且将不断深化认识作为理性回归自身的基础。也就是说，发挥理性的真正本质，从理性本身解放理性。

哈贝马斯认为，科学技术本身的发展就决定了交往行为的不合理化，由此导致了人的异化。这种异化是理性之内的，而不是理性之外的。所以说，解决这种不正常统治的根本途径只有实现交往行为的合理化。他利用了韦伯关于价值合理性与工具合理性的分析，强调以主体与主体之间的沟通和理解作为重新树立交往模式的方案。哈贝马斯将交往取代劳动作为人类社会的核心地位，从而规定出一系列交往和劳动相互关系的概念：劳动与交往的区别明确，交往比劳动具有优先性，从而认为技术异化就是技术统治之下的劳动合理化导致的交往行为的不合理化。科技进步的内在规律产生了异化，而扬弃异化同样要求从科学技术理性中寻找，只有建立主体间性的交往模式才能真正实现这一点。

交往行为理论的主要内容就是通过主体间性消除技术异化与进行交往行为的合理化。普遍运用学是哈贝马斯批判理论的基础组成部分，他认为交往行为与劳动不同，是一种语言理解的行为，或者说是一种互动作用。那么就可以看出普遍语用学的宗旨是开放式的，而不是封闭的，强制性的。在这里，社会行为被分成了工具行为，战略行为，符号行为与交往行为，其中交往行为包括语言行为与非语言行为，当然，在它不同的著作里有着不同的表述，而最重要的就是他在描述交往行为和策略行为的基本划分来考察交往合理化的问题。交往行为与策略行为的不同就在于前者由价值决定，后者则由工具理性决定，这两者在社会中的作用也是不尽相同的。他着重考察了语言理解的作用，认为交往行动中的核心就在于提出了可以批判检验而且是以主体间相互承认作为基础的有效性要求的言语行为。对此，言语行为获得了可以验证的有效性从而获得了约束力。那么，语言理解作为交往行为的中心地位，那么，对语言理解的言语行为模式就成为重中之重。哈贝马斯提出了构建理想的言语情境，其中包括两点内容：首先，合理的交往方式必须遵循一定的规范基础，这个基础就要由言语有效性来担任。也就是说，言语有效性基础必须符合可领会性，真实性，真诚性与正确性四个规范，这样一个交往才能获得正确的，不受干扰的有效性基础。其次，就是"交往性资质"的达成，即参与交往的人必须拥有选择陈述语句，表达个人意见，言语行为等能力。这样，就可以建立起普遍有限性要求统治之下的自由平等的交往模式，形成"主体—主体"

普遍性规范，才能为合理化的交往形式提供基础，更进一步的为消除异化服务。

主体间性结构表示着个人主体能力的发展和强大，并且它赋予了互动以平等自由的模式。那么，个人主体性就提上了哈贝马斯的研究层面上。个体化进程深刻影响了作为整体的社会历史的进程方向，并且个人主体性成为历史进程的一个重要组成部分。那么，历史运行的主客条件就要重新被认识。基于这一点，哈贝马斯提出要以交往行动理论为基础对历史唯物主义进行重建。哈贝马斯认为旧的历史唯物主义将人的交往活动始终放在了受动的位置，从而降格成了一种工具理性的理论。所以哈贝马斯讲历史唯物主义重建如下：历史客观主义要转变为加以反思的主体—主体结构，将交往与劳动放在了同等的地位上；其次，社会发展进化在于交往的发展，人的主体行为不断地与外部世界进行互动，而互动的主体在不断进行着学习，那么，主体的学习机制和个体的自我同一性就成了社会进步的要素。其中，主体的学习机制就是指的交往性资质，个体在互动中不断建立一套规范模式来符合社会，并且形成自己的道德与技术。道德层面的自我同一性成为哈贝马斯重建社会交往理性的重点："我们把那些即使在紧张状况下，即在出现了重大的道德行为冲突的时候，仍然坚持他们在没有冲突的正常情况下所具有相互作用能力的人，而且是自觉的抵制冲突的人称之为具有'良好'道德的人"①。这样，交往就将传统的主客关系的历史唯物主义机制转变成了以人的主体交往方式与社会的不断互动为基础的主体关系理论。在他看来，"历史唯物主义所说的衡量历史进步的标准——生产力的发展和社会交往形式的成熟——有能力为一个制度的存在作辩

---

① 尤尔根·哈贝马斯. 重建历史唯物主义 [M] 郭官义，译. 北京：社会科学文献出版社，2013：61.

护"①。但是，生产力进步"孕育迫使资本主义社会革命化的社会运动的道德实践意识没有结构上的相似性"②。所以哈贝马斯看来，重建历史唯物主义，不必要去从新的社会制度框架下进行整治的重建，而是"在对于相互作用的结构具有决定性作用的道德-实践意识的领域中进行学习"③，这不仅是对马克思革命理论的一种反对，从启蒙的视角看，更是一种对理性后果二重性潜力的一种含蓄的表达。

在交往行为理论的基础上，哈贝马斯将其推广到了社会层面，提出了全社会全国家意义的平等话语模式以及以商谈伦理学为主要表现的政治哲学。哈贝马斯通过对生活世界概念的建构，在肯定理性能够自我拯救的前提下坚定地维护现代性，从而提倡生活世界的合理重建，即生活世界的非殖民化。哈贝马斯认为，生活世界就是个人、社会与文化的结合，这三者的结构化作用构成了从主观到客观层面整体的社会化，并为主体间提供交往的现实基础。在哈贝马斯的研究议题中，生活世界的殖民化就是指交往方式的不合理化，要在世界全部意义的合理化基础上推动交往世界的合理化。在当代社会政治的表达中很普遍，"这些运动即起源于不满和恐惧，也起源于对改变和控制社会的传统政治机制的性质的怀疑"④ 以及"……政治精英们的胆怯，他们不敢将迄今为止闭门进行的欧洲工程转变成一种在公共领域热烈讨论、激烈交锋的随意的形式"⑤。

---

① 尤尔根·哈贝马斯. 重建历史唯物主义 ［M］郭官义，译. 北京：社会科学文献出版社，2013：115.

② 尤尔根·哈贝马斯. 重建历史唯物主义 ［M］郭官义，译. 北京：社会科学文献出版社，2013：118.

③ 尤尔根·哈贝马斯. 重建历史唯物主义 ［M］郭官义，译. 北京：社会科学文献出版社，2013：120.

④ 大卫·雷·格里芬主编. 后现代精神 ［M］王成兵，译. 北京：中央编译出版社，2012：146.

⑤ 尤尔根·哈贝马斯. 关于欧洲宪法的思考 ［M］伍慧萍、朱苗苗，译. 上海：上海人民出版社，2013：25.

所以，语用学的平等的交往功能，对传统规范的反思，分散的民主机制与大众政治参与等措施来达到更大的合理性。他认为"多元现代性之间的区域发展的历史非同时性以及社会-经济落差是无法一夜之间消除的"①，所以，尤其在欧洲联合和金融危机这样迫切的时代主题下，"在世界议会中展开毫无结果的关于公正的哲学讨论，它才会获得政治的重要性"②，"两个制宪主体的公正视角会在生活水平的实际趋同方面相互接近"③。

所以在哈贝马斯看来，现代性是一项"未完成的设计"，深究这句话的内涵，可以看出其对启蒙的二元态度，即还可能成为革命的因素，前提是理性和社会框架的重建。

三、文化研究与社会理论的视角

20 世纪的社会理论同批判理论一样，都是在广泛汲取学科资源而得到的大综合性理论。综合性理论并不拘于某一具体学科的方法论，而是直截了当地以现代性为研究对象。这代表着自启蒙思想以来人们不断向外延伸的理性视野反身的一种成就，社会理论与理性的现代性亦步亦趋地向外延伸的过程中，马克思主义在其中起着重要的作用。围绕于此的诸多理论范畴被纳入到现代性的解释学之中。一方面，这些理论着眼于对启蒙和现代性的反思，提出了现代社会从何而来、是怎样的、将会怎样等一系列问题；另一方面，马克思主义的概念在其中得到充分应用，但不可认为这些社会理论就是马克思主义的，它们内部本身包含着迥然不同的价值倾向，

---

① 尤尔根·哈贝马斯. 关于欧洲宪法的思考［M］伍慧萍、朱苗苗，译. 上海：上海人民出版社，2013：63.

② 尤尔根·哈贝马斯. 关于欧洲宪法的思考［M］伍慧萍、朱苗苗，译. 上海：上海人民出版社，2013：64.

③ 尤尔根·哈贝马斯. 关于欧洲宪法的思考［M］伍慧萍、朱苗苗，译. 上海：上海人民出版社，2013：64.

批判的维度也不尽相同，但是对于我们对现代社会的演变和现实的理解有着积极意义。

吉登斯对现代性作了深刻的分析，其《现代性的后果》更是成为名著。通过分析人类社会变迁所经历的不同社会形态维度，以民族国家的建立兴起作为讨论中心探讨了现代性的形成。这种文化与制度性的分析着眼于对启蒙运动以来现代意义上的架构进行剖析，立足点则是资本主义社会。

吉登斯利用了分析资本主义社会形成的时空关联，用时间和空间的角度分析了资本主义生产方式产生的特殊形式，提出了社会生活中精确的时空分区，社会系统的整体性形成（即从局部性中脱离）以及知识带来的反思性调整的现代性动力机制，从而推演出现代型社会的总体特征，即时间与空间的空洞化，即时间和空间都逐渐作为了高度抽象的标准；其次是社会关系开始在时空跨度尚不确定的延伸；第三就是现代性伴随着全面的反思性。据此，吉登斯开始了对现代性的批判，但是他没有继续那种异化模式的批判，而是以"乌托邦现实主义"的态度，来探讨明显的现代性问题，即民主、非军事化、技术人道化等问题。在他看来，马克思、涂尔干、韦伯等人在分析现代性的双重后果时候，都"没有预见到，'生产力'拓展所具有的大规模毁灭物质环境的潜力"[①]。在自然环境上，生态关系是一个严重的时代议题；在社会环境上，新的极权主义，战争的工业化等现象带来了巨大的社会风险。所以吉登斯认为，以往的社会理论都倾向于用单一的动力机制解释社会发展问题，所以他的批判不是对法兰克福学派那样对社会预设的批判，而是对社会科学本身的反思性批判。即知识发展集中参与性的知识的批判；社会科学双重解释性造成的专家与常人的双向实践批判；科学结论在社会中的权力作用的意识形态批判；对社会科学问题

---

① 安东尼·吉登斯. 现代性的后果 [M] 田禾，译. 南京：译林出版社，2011：7

伦理色彩回答持肯定态度的道德批判。

可以看出，吉登斯对现代性的批判着眼于社会科学本身，更是着眼于"流"的意义，他认为现代性的负面后果是人们对现代性的把握形式的结果，他要求社会学要有批判力量才能拥有生命力，才能不断地在两重性的结构中反思与重构历史与社会，才能具有旺盛的生命力。从某种意义上讲，正如吉登斯所说，"如果我们试图充分地理解现代性的性质，就必须摆脱前述既存社会学的种种视角"①，也就是说，只有尝试重新对我们理解社会的范式进行反思，现实的实践反思才具有了可能。从某种意义上来说，对于现代性及其理解的重新反思与定位，也是立足于资本主义现代性牢笼的一种启蒙的尝试。

相比而言，布迪厄接受马克思的影响则是更加深刻和具有启发意义的。对资本、阶级和实践逻辑的新的现代性解读是布迪厄理论的核心。布迪厄在形成自己的社会学观念时着重提到了法国认识论哲学的重要意义，在他看来科学是与常识决裂而成的，科学构成的重要环节是对象并且将唯物主义与理性主义的整合这三点看做从实体论到关系论学说的重要影响。实际上，布迪厄对实体论的反对是从反对常识语言开始的。他认为常识语言与政治对立与社会对立紧密相关，社会科学就应该存在于结构与行动的关系之中，恰恰这些关系不是通过符号等主观行为构成的，而是在人格主体意识影响下的客观关系。这明显是马克思的传统，也是布迪厄思想的主要基础。它不仅仅将这种关系社会学应用到抽象的认识论上去，更多的则是在社会研究的事实中寻找关系来把握研究对象。这种对社会科学理性的前提反思具有重要的启蒙意义，它表达出了理性话语从现实中的抽离与后天建构，意味着将现实的资本主义话语体系和理解原则做出了建构主义的解释。与哈贝马斯重建沟通话语体系的目标类似，布迪厄也希望"用一点

---

① 安东尼·吉登斯. 现代性的后果 [M] 田禾，译. 南京：译林出版社，2011：7.

多少有点理想化的实践认识取而代之；而是使它摆脱它之产生所依赖的认识论及社会条件强加于它的偏向，从而为它奠定一个坚实的基础"①。

在布迪厄的研究中，这种关系也同样在方法论上影响了他的研究取向，布迪厄在对客体对象的关系来反对实体论和新实证主义的类似于形而上学的观点时，进一步指出了社会学的认识论障碍问题，这个问题就是来源于上述的分裂，即理论研究与经验研究的分离。这同样也是现代之后理论家进行理论综合的中心议题之一。布迪厄在不同的背景下用不同的侧重点讲述了理论与经验的辩证关系，并且认为必须推行某种新的实践理论要同时建立在理论需求与经验实践之上。他既反对理论至上主义，更反对美国式的实证经验研究的"拉扎斯菲尔德的入侵"。当然他也认识到，只有改革学术研究机制而不是仅仅去建构新的理论才能逐步从根本上消除这种社会科学家内部的等级限制。通过对以结构主义和主观主义为代表的"唯智主义"的批判，布迪厄强调了实践理论的重要性，并且以此指责唯智主义的二元论倾向是由于缺乏实践观念造成的。从人类学的角度出发，他认为唯智主义主要是由于观察者与研究对象的特定关系导致理论的歪曲，进而推广到社会科学，认为对象化是唯智主义的重要表现。布迪厄在这里也潜在地实现了他的启蒙理性批判：

> 客观结构和合并结构的辩证关系见于每个实践行为……例如今天的那些马克思的结构主义解读者——陷入社会法则拜物教：为了解释无数历史行为的积累所产生的有一定结构的、合理的集合，科学必须求助于各种构成行为，而把这些构成行为改变为超验的实体，且这些实体与实践活动的关系成了本质与存在的关系，这等于是把历史简化为"没有主体的过程"，使用一个受制

---

① 皮埃尔·布迪厄.实践感 [M] 蒋梓骅，译.南京：译林出版社，2012：36.

于某种自然史之郭氏法则的机器人来替代主观主义的"有创造力的主体"。①

对此，布迪厄要在科学研究中实现"对象化的对象化"，从而使理论与常识决裂以及与盛行的理论理性观念决裂，只有这样才能摆脱理论本身的局限，以探索实践的真正意义，从而在人类理解能力的建构中恢复人的主体性和实践感。

布迪厄用其资本理论来对历史进行分析，提出了他的资本概念。他认为社会变迁就是需要研究引起这些变迁的积累因素，研究资本的物质化与积累性和生成性。故而他用经济资本、文化资本与社会资本的划分来避免唯经济主义的错误。他分别以货币、教育行动与社会关系网络来分析这种最大意义上的资本概念，并且他也承认经济资本在现在资本主义社会的统治地位就在于其衍生能力的强大。

布迪厄在研究社会行动的基础上，进一步研究了与资本作为孪生兄弟的权力，而他的任何理论都离不开研究符号在其中所起的作用。他认为语言关系是符号权利的关系，对语言学的批判就在于他对符号权利的研究。他认为，符号是权利得以承认的必要形式，符号作为一种合法化的机制所体现的社会关系掩盖了权利的本质。所以说，布迪厄将符号资本的合法化作为他的研究重点。

总的来看，作为社会事实的物在布迪厄看来并不是物本身，而是一种构建着的关系而形成的表达形式，这种形式贯穿着权力、资本等后天建构，所以在其中潜在着不平等。所以说，任何对于社会对象研究的先验态度都是不足取的。可以说，布迪厄的反思社会学进行的研究以及其对现实世界的分析都有浓厚的马克思主义色彩。

————————————

① 皮埃尔·布迪厄. 实践感 [M] 蒋梓骅，译. 南京：译林出版社，2012：56.

激进的后现代主义是一种被称之为无限性的思维方式，它以彻底的否定为前提，将一切学说的根基与基础都作为怀疑与挑战的对象。他们认为，任何的理论都不要想去包罗一切，任何思想束缚都是虚假的，人就是要通过这种学术上的彻底否定从虚幻的控制中走出来。激进的后现代主义反传统、反规定，主张用无限的不被束缚的眼光去反思与考察一切。这种考察可以是否定主义的、虚无主义的甚至无政府主义的，就是在于这种否定没有任何肯定的基础，因为一切的前提都是无意义的。他们主张对启蒙的一切后果进行重新的审视甚至审判，这种理论倾向也正是时代的反映。其代表人物包括福柯，德里达，利奥塔等。

福柯，在接受康德、尼采、形式主义与法国认识论的传统之下，所关心的不再是传统意义的理论构建与创新。他的观点旨在寻找"一种文化的条件或组织原则"。总的来说，他关心的问题就在于理解现代的姿态。福柯将他们称为真理—权利—自我的三角关系。福柯极力地避免自身思想的局限性与界限性，由此造成了他思想的独特之处。福柯关注人自身作为真理的主体对知识的构建；我们自身通过权力形成对他人的影响；我们自身通过伦理关系构建道德并成为道德行动者。实际上从这种三角关系可以看出，福柯从对人的研究出发，企图构建仅仅服从于人的主体意识范围的社会产物，并且将这些都与人的行动紧密地结合起来。在福柯看来，启蒙运动以来的人类意识建构很大程度上成为现代统治的原则基础：

　　"认识你自己"的存在遮蔽了"照看你自己"有很多原因：首先，西方社会的道德原则经历了非常显著的转变。我们发现，要把严苛的道德律令与准则建立在给予自己最多关注的训诫之上是很困难的。我们更倾向于把照看自己视为追求一种不朽，或者一种摆脱一切可能存在之规则的方法。基督教道德传统使自我舍弃成为获得救赎的条件，而我们正继承这一传统。于是，认识自己，就自相矛盾地成为自我舍弃的途径。①

福柯认为历史是一种结构的交替，并且在认识范围内形成这种结构，称为认识型，决定着知识的发展。将人的认识作为社会发展即社会形式变化的根本因素。认为权力是一种自下而上的有压制与创造两种功能的知识产物，并且通过对社会层级的分析来贯彻他的权力思想，提出了权利谱系学的概念。认为权力的多种运作方式是历史发生运动，构建起了权力、自我与知识的关系，当然也引起了极大的多方面的争论。这就在于他的社会理论更加具有他追求的思想上的无限性。

德里达的思想主要从解构逻各斯中心主义与批判总体社会来展开他的社会意义的论述的。他的思想同样具有强烈的哲学感，这就表示着他同样致力于突破传统理论的限制。解构主义是他的中心论点，他要求解构传统思想建构起来的二元论与形而上学的结构并且通过对语言学的重视来建立他的符号理论。他认为符号的意义就在于其与其他符号的差异，得出了语言的本质是差异与游移不定，所以说必须给符号赋予情景的概念，将不在场的概念给予在场的概念，从而消除在场的形而上学。通过这样的思想，德里达认为符号由此不能代表稳定的意义，那么其所代表的社会秩序与权威就失去了确定的根基，从而被证伪。在德里达的分析中，"我们就已经被安置在主导规则之中，被安置在一种友爱话语的伟大经典之特殊构成之中"②，所以"我们质所质疑的主要方面，就是以其鼎鼎大名而广为散播的

---

① 福柯文选（三）自我技术 [M] 汪民安，编．北京：北京大学出版社，2016：60-61.
② 雅克·德里达．《友爱的政治学》及其他（上）[M] 胡继华，译．长春：吉林人民出版社，2011：288.

公理体系，以及产生等级关系的权力"①，来指明当代社会权力对于经典话语在内话语体系的建构。据此德里达指出，总体社会的观念是逻各斯中心主义造成的错误结果，只有把这种传统意义上的对权威与秩序的依赖解救出来，世界才能真正形成自由的世界，即个人与社会的多样性与反思性，这个过程就成为人类唯一认识的基础。

① 雅克·德里达.《友爱的政治学》及其他（上）[M] 胡继华，译. 长春：吉林人民出版社，2011：288.

第七章　马克思主义、后现代主义与启蒙

对种种导向自我的启蒙的批评态度，需要关注被建构出来以决断"自我"的种种权威形式，而不是建构关于自我的社会学及其他理论。我断言，这些权威的任何形式，实际上都要求唯名论和反基础主义观点有共同要素的批判视角。唯名论和反基础主义等观点实际上与表现为治疗启蒙形式的权威存在关联。对主体和自我政治领域进行启蒙批判并不需要另一种自我理论，去回避这种理论的要求。实际上，这一任务仅仅是勾画那些已经导向自我的一些启蒙形式。这涉及考察人文科学已经投身于发现、解放和管理自我的伟大事业的程度。那么，启蒙批判就在于发展某种策略去应对当代自我政治。①

如果说尼采的"上帝之死"意味着反宗教的经典启蒙意义以及反现代

---

① 托马斯·奥斯本. 启蒙面面观：社会理论与真理伦理学 [M] 郑丹丹，译. 北京：商务印书馆，2007：117-118.

性的当代启蒙意义这样的二重性，就可以更好地理解现代性是如何对上帝
进行祛魅，而后再进行返魅的。这种自我否定正如恩格斯所说，是否定之
否定规律的抽象表现，是"自然、历史和思维的一个极其普遍的、因而极
其广泛地起作用的、重要的发展规律；这一规律，正如我们已经看到的，
在动物界和植物界中，在地质学、数学、历史和哲学中起着作用"①。辩证
法规律很好的诠释了现代性的历史命运：当它造就了现代社会的种种之
后，甚至在它造就现代的进步观念的过程之中，其反面的反对者就开始以
各种形式出现。正如文艺复兴到启蒙运动的历史时期充满着流派混杂的艺
术形式和文学作品，同时其中都大量充满着政治隐喻和新的价值追求。在
以法兰克福学派为代表的批判理论家不断挖掘现代性自我否定的政治潜能
的同时，后现代主义者则通过更加广泛而激进的形式发起反抗。对于"现
代性之死"的论调中饱含着对现代性的鞭笞和遗憾。如果将后现代主义笼
统地作为一个整体来看待，那么这些批判即使是不成熟的、缺乏方法论的
甚至方向含混不清的，而且与现代性的关系仍然模糊不清。"其远处筹划
的不可行性的现代性"，"后现代性是与其自身的不可能性相妥协并决意无
论好坏都要对之容忍的现代性"②。但其始终持有着这样一种本质：旨在用
特殊形式的行动、艺术或文本揭示现代性的极权体制，以及这种体制包含
的权力、政治和幻境，它们都是造成当代风险和人的自我进化的障碍。
"在后现代语境中，启蒙理性的反思和批判本质，被单纯作为抽象的工具
理性来理解，现代性和启蒙精神、理性主义和人道主义基本上成可以相互
替换的概念。现代性批判变成了对启蒙运动蕴含的理性主义和人道主义的
检讨和反思"③。

---

① 马克思恩格斯选集第三卷［M］北京：人民出版社，1995：484.
② 齐格蒙特·鲍曼. 现代性与矛盾性［M］邵迎生，译. 北京：商务印书馆，2013：149.
③ 罗骞. 论马克思主义的现代性批判及其当代意义［M］上海：上海人民出版社，
2007：233.

利奥塔曾说"至于说到另一个合法化程序，即来自'启蒙运动'的解放机制，它内在的侵蚀力量并不亚于那种在思辨话语中起作用的那种侵蚀力量，但它涉及的是另一个方面的问题。它的特征是把科学的合法性和真理建立在那些投身伦理、社会和政治实践的对话者的自律上"①。而这些规划恰恰是一百余年前用来打破上一种专制、指引人类看到自己、走向进步和解放的道路。那么如果我们还对启蒙一词保有着善意的态度，那么为什么不能将后现代主义称作当代意义的启蒙呢？

"真理问题和行动问题是密不可分的"②。现代性经历了数百年的自我转变过程，而寄期望于现代性实现自我超越的想法也流行于当代世界之中，如果现代性确实存在内在潜力尚未挖掘并且有利于克服现在的种种困境，那么这无疑是又一次自我否定。当许多学者面对"只要工人能够得到足够的工钱而又不必去付出艰苦的劳动，他们就会感到满意。而后现代取向则以新进的研究成果告诫决策者们：工人不仅仅是'工人'，他们首先是人，因而他们需要从工作中获取某种满足感，需要创造性地行事：需要感觉到他们对某些事情做出了有价值的贡献"③ 的现实时，他们就会认为股份制、福利制与消费社会已经解决这一难题，同时也动摇了马克思主义的根基。这种错误的理念仍然寄期望于资本主义构造下的改良主义，他们的底气大概在于资本主义借以建构的启蒙原则。这种对启蒙的范式性建构恰恰也正是启蒙辩证否定的一个环节，它并非是拯救资本主义的良药，而是随着现代性资本主义一同陷入泥潭的旧历史。正如阿尔都塞写到：

---

① 利奥塔尔．后现代状态［M］车谨山，译．南京：南京大学出版社，2011：140.

② 大卫·雷·格里芬主编．后现代精神［M］王成兵，译．北京：中央编译出版社，2012：205.

③ 大卫·雷·格里芬主编．后现代精神［M］王成兵，译．北京：中央编译出版社，2012：213.

这些研究正在和将要走的道路带领我们走向科学史传统意义上的革命，这个传统如今（1968 年）依然深深沉湎与启蒙哲学中，也就是说，沉湎于目的论的、因此也是唯心主义的理性主义之中……理性的历史既不是一个不断发展的直线历史，也不是在其连续性上不断表现或意识到理性的历史。这种理性在其起源的萌芽阶段就完全存在了，其历史只不过是把它大白于天下。①

在某种意义上说，启蒙思想在 19 世纪以来的具体社会政治和意识形态的规划限制了两个世纪以来人们的启蒙观。启蒙被当做一种政治与经济的目的论而被资本主义具体规划。这意味着理性与理性主义、自由与自由主义、民主与民主主义等等一系列的理论分野，近代以来对这些范畴模糊不清甚至相混淆的阐述，一方面源于资本主义内在构造对这些对立面的混淆，另一方面则是在知识和科学生产中建构了话语的合法性。启蒙的改造致使现代性建立在启蒙运动的历史合法性基础上，但无论如何其中的矛盾已经充分展现。后现代主义旨在超越或者推翻现代性，那么他们对于启蒙理性的改造还是否属于现代性及其启蒙基础自我修复的一个环节，"后现代性话语所依赖的概念——即作为现代性文明终结时刻的'现代性的终结'概念——仍然没有得到应有的充分而细致的分析"②。

"现代"与现代性的概念缘起和本质彰显，一开始就在自身运动中确立自身在社会历史的统治地位，这种现代主义的席卷意味着价值形式的空前变更。人类不再服从于外在的上帝，而是开始建立自身统一的标准。工业革命进一步加剧了理性化进程，并且使之取得了价值上的唯一性，"由

---

① Louis Althusser and Etienne Balibar. 转引自保罗·托马斯. 马克思主义与科学社会主义 [M] 王远河、王克军，译. 南京：江苏人民出版社，2011：188.
② 詹尼·瓦蒂莫. 现代性的终结，英译者导论 [M]. 李继盛，译. 北京：商务印书馆，2013：1-2.

于理智主义压制巫术信仰，这个世界的过程就被消除了魔力，于是这些过程便丧失了巫术意义，因而仅仅'是'和'碰巧是'它们自身，不再另有意味。结果，这个世界和整个生活模式便越来越需要服从一个重要而有意义的秩序"①。20世纪中晚期以来，技术进步进一步加强了对社会的监控和支配，通过身体化的、虚构化的形式，同时对全球传统异质性的进一步摧毁，加强资本主义现代伦理和政治统治的价值结合，并通过各种形式诸如艺术、文学、生活世界、消费等方面强化这种统一，构成了关于资本主义现代感的元叙事结构。

实际上，启蒙运动在尚未被资本主义完全改造其思想的时代，即资本主义与工业革命刚刚兴起的年代，启蒙就察觉到了现代性与资本主义给其自身带来的牺牲。这股思潮最初以空想社会主义的形式出现，而后呈现为唯意志论和浪漫主义的继承者，在20世纪中后期则表现为后现代主义。就反对理性主义的现代观和现代建构的意义而言，后现代主义可以追溯到维科时代，同时也可以被当做启蒙精神自我拯救的延续，而一种乌托邦主义的愿景始终贯穿在其中，改变的只是随着社会主要矛盾变化的资本主义发展的具体形式和现代性形式。

作为一以贯之的资本主义批判者，后现代主义与马克思主义走上了不同的现代性批判路径。从某种意义上来讲，这意味着两者在真正启蒙话语的继承之上走向了两条完全不同的方法论。马克思的现代性批判通过直接触及人类社会存在根基的生产力和生产关系的矛盾运动出发，认为这代表着世界的重构。在这个重构之中，"生产的不断变革，一切社会状况不停地动荡，永远的不安宁和变动，这就是资产阶级时代不同于过去一切时代的地方。一切固定的僵化的关系以及与之相适应的素被尊崇的观念和见解

_____

① 马克斯·韦伯. 经济与社会第一卷［M］阎克文，译. 上海：上海人民出版社，2010：639.

都被消除了，一切新形成的关系等不到固定下来就陈旧了。一切等级的固定的东西都烟消云散了，一切神圣的东西都被亵渎了"①。而对于后现代主义者而言，则是大多依照审美、伦理与艺术批判的路径，质疑一切现代社会中牢不可破的东西，认为一切都需要重构，都值得怀疑，并且尖锐地指出了现代社会中对确定性的追求，尤其是对伦理、道德与知识的确定性追求与现代性的流动性和碎片化之间的矛盾。

马克思主义的思路和后现代主义的思路看起来好像是完全相反的，但是可以看到，马克思在论述现代性重构了旧世界以生产关系为代表的一切关系，从而用理性主义和科学主义作为建构流动性和碎片化的标准，说明了现代性社会的不确定性是建立在确定的生产关系体制和启蒙政治原则基础之上的，而流动和变动的则是资本主义生产关系、政治关系、社会关系之中具体的主体与客体对象。而后现代主义则是直面这种压迫性的体制，指出了现代社会的风险因素正是源于理性主义和科学主义主导下的不确定性，并且揭示了在知识、科学和生产大分工的背景下，人在社会中得到的道德和信任的不完整性的危机。正如鲍曼揭示的：

> 与"自然法"知识或者工艺技术相比，我们更需要道德知识。然而，我们不知道从哪里去获得道德知识，并且当道德知识提供给我们时，我们也不能确定我们是否可以坚定不移地相信它们，从来没有出现过如此强大之力量，而对其使用之引导确是如此之少。②

这意味着现代自由体制对确定世界的破坏：再也没有一种确定的标

---

① 马克思恩格斯选集第一卷［M］．北京：人民出版社，1995：275．
② 齐格蒙特·鲍曼．后现代伦理学［M］张成岗，译．南京：江苏人民出版社，2003：137．

准、伦理尺度和道德成为行动主体的支撑。在这个意义上，后现代主义与马克思主义取得了共识，即在一种被现代性虚化条件下的不确定性与流动性与理性主义极端扩张造成的合理化带来巨大的风险。

后现代主义与文化批判、社会理论以及后马克思主义的观点相互交织和争锋，从某种意义上我们可以将其看做是一整套对现代性进行反思的文化行动，同时也是对启蒙的不断祛魅。后现代主义者对当代理性的形式提出质疑，将现代性本身与其社会的表达形式的捆绑和专制阐述出来，这涵盖艺术、文学、建筑等等文化实践，"建筑是这样一种文化生产领域，其中艺术和技术，现代主义与现代性被迫进行合作"①，"民主和艺术本身都只在它们与自然的关系中形成一个整体；否则，艺术将陷入病态，民主将沦为欺骗"② 等等。实际上，对于后现代主义地位的争论永远要复杂得多，"后现代主义的话语兴起于哪些领域？以什么方式出现？其原因是什么？辩论的利害关系是什么？辩论面向的是哪些人，其方式是什么？"③ 这些问题提醒人们关注后现代主义发挥的究竟是破坏性还是建设性作用，后现代主义究竟是否是一种目标统一的思潮，以及后现代主义是否仅仅止于文化领域。面对后现代主义继续启蒙的历史进程，尽管人们尚未看到后现代主义提出了何种类似于启蒙运动一样的建设性的实践指南去指向可操纵化的政治经济领域，但这应该是是否能够担负更大历史意义的一个显著标志，并且探讨它与马克思主义的深入关联，正如斯坦利·菲什的一句话："我们不探讨后现代主义的意义是什么，而是研究它起到什么样的作用"④。

后现代主义希望通过消除极权回到那种确定性的差异性，而不是风险的虚假多元性的情况之下。这种解放的模式意味着社会关系真正摆脱权力

---

① 史蒂文·康纳. 后现代主义文化 [M] 严忠志，译. 北京：商务印书馆，2002：108.
② 德勒兹. 批评与临床 [M] 刘云虹、曹丹红，译. 南京：南京大学出版社，2012：123.
③ 史蒂文·康纳. 后现代主义文化 [M] 严忠志，译. 北京：商务印书馆，2002：17.
④ 史蒂文·康纳. 后现代主义文化 [M] 严忠志，译. 北京：商务印书馆，2002：17.

的附加，实现"交往的普遍性"。在詹尼·瓦蒂莫那里，后现代社会试图达成确定感真实的丧失来完成人的解放，即利奥塔语境之中的元话语形式的彻底解构。这种实践旨在达成一种没有共识性的状态，并且解构其中所有的话语结构的合法性。在利奥塔那里，这是一种无政府主义在某种程度上的回归，知识成为真正的知识，将不再是作为隐藏的原则，"解放就在于迷失方向，这同时也是差异的解放"①。法国解构主义深刻影响了后现代主义的目标形式，在现代性极权体制下的文化解放意义上无疑是具有积极意义的。当然，大卫·哈维则认为后现代主义与后福特主义密切地关联起来，从而为新自由主义的再次滥觞提供注脚。尽管后现代主义呈现出了激进的理论外衣，但是"却通过把它们隔离在一种不透明的他者性，亦即这种或那种语言游戏的特殊性中，而直接切断了它们通往更普遍权源泉的渠道"②。显然，哈维利用了马克思主义的某些观点，认为既然后现代主义能够通过虚无化、解构化与多元化的价值分散使得现代性建立的权力体制瓦解，那么也同样会对一种更加合理的秩序建立造成障碍，同时也对重构更加合理的社会关系造成认识论的阻碍，而这种思潮最终在本质上会沦回为新自由主义和个人主义的结果。对此他有着经典的表述：

> 但是，后现代主义，以及它对"享乐"之短暂的强调，它坚决主张他者的不可测知性，它专注于文本而非作品，它爱好近乎虚无主义的解构，它偏爱美学而非伦理学，都把问题带得过远。它把它们带到了超出连贯一致的政治所能允许的地步，它寻求与市场无耻地和解的方面则把它牢牢地置于一种企业文化的轨道

---

① 詹尼·瓦蒂莫. 转引自杰拉德·德兰蒂. 现代性与后现代性 [M] 李瑞华，译. 北京：商务印书馆，2012：210.

② 杰拉德·德兰蒂. 现代性与后现代性 [M] 李瑞华，译. 北京：商务印书馆，2012：212.

上，而那种文化则是反动的新保守主义的标志。后现代主义哲学家们告诉我们，不仅要接受，甚至还要通过理解现代世界的困境而迷恋分裂与不和谐的声音。他们迷恋于解构自己所碰到的一切论证形式并使之非合法化，因而只能以宣告他们自己的合法主张无效而告终，以至于没有任何东西还是合理行动的基础。①

这段话可以说全面的表达出后现代主义呼吁迄今为止的弊病和矛盾，如果我们不能正确扬弃作为一种理论主张的后现代主义，那么就无法真正理解它与启蒙的关系。如果我们将后现代主义作为一个理论运动作为研究对象，那么在人类进入近代以来的历史中无疑是启蒙运动的继承者，但它并非是唯一的继承者。

马克思主义与后现代主义产生的深刻关联并不仅仅在于后马克思主义与后现代主义理论内容的相互纠缠，也不仅仅在于后现代主义在很大程度上借鉴和继承了马克思的大量观点，而是在于整个启蒙的历史进程中所彰显出来的解放运动的实践关系。正如启蒙思想也同时诞生了空想社会主义一样，每一种政治社会理想的追求在现实实践的过程中总会萌生自身的反面，而这恰恰是构成矛盾运动下一阶段自我否定的重要准备。马克思主义同 19 世纪以来的种种反现代性与反资本主义的思潮汇集而成的后现代主义，在文化实践领域是冲破现代性意识形态极权的重要力量。后现代主义尽管会带来完全相对主义的结果，但文化和意识形态的极端"解放"必然能够在生产实践领域自觉组织合理的重构方式。在其中，马克思主义就将发挥更大的力量。在以生产力和生产关系矛盾运动发展的基础上，后现代主义思潮同样也是摆脱意识形态话语结构的关键环节，同时也是打破资本

---

① 戴维·哈维. 后现代的状况：对文化变迁之缘起的探究［M］阎嘉，译. 北京：商务印书馆，2013：155-156.

主义国家机器和争取无产阶级解放建立思想准备的准备。后现代主义在我看来并非是一种一以贯之的政治目标，而是无产阶级革命主体性破茧的自我准备。而进一步的"每个人都有充分的闲暇时间去获得历史上遗留下来的文化——科学、艺术、社交方式等等——一切真正有价值的东西"①。进而，对启蒙的态度，包括对于理性主义和人道主义的态度，就绝不可陷入非此即彼、矫枉过正的窠臼，"理性的绝对单面化不是启蒙精神的后果，而是现实资本原则的内在要求和强力推进，将此归结于启蒙的后果，实际上是忽视了'理性'形态的社会历史基础，启蒙本身也只是被作为一个精神事件来解读，而没有揭示这一精神事件深刻的社会历史条件。这样一来，不但掩盖了启蒙运动与现实历史的存在论上的关联，而且也掩盖了启蒙精神从开端处就具备的内在张力和自我反思的可能性"②。所以，探讨启蒙本身的内在潜力，揭示启蒙与资本主义现代性的内在关系，解放真正的启蒙，正是马克思主义重要的当代使命。

同现代性和启蒙的自我扬弃一样，摆脱因历史局限性而建立的有限架构的障碍，在从而回归启蒙真正精神的道路上，后现代主义同启蒙运动以来一切有益于社会和人的解放的思想一道，为达成人真正的现实的和精神的自由贡献着自身的理论成就。马克思主义作为启蒙真正的继承者，也是启蒙真正意义上的超越者，至今仍在它的理论与实践的进步、反思与发展之中。启蒙是人类历史上的一项伟大事业，也是数百年来人类不断追寻和奋斗的未经事业，社会主义与共产主义的伟大理想同时也正是启蒙思想家真正渴求然却限于时代而没有发现的伟大追求。马克思主义的正确方法论和马克思恩格斯的伟大人格同样激励我们为人类真正的解放事业贡献出自己的力量，也正如马克思所说的：

① 马克思恩格斯文集第三卷 [M]．北京：人民出版社，2009：258．
② 罗骞．论马克思主义的现代性批判及其当代意义 [M]．上海：上海人民出版社，2007：234．

　　如果我们选择了最能为人类工作的职业，那么，重担就不能把我们压倒，因为这是为大家做出的牺牲；那是我们所享受到的就不是可怜的、有限的、自私的乐趣，我们的幸福将属于千百万人，我们的事业将悄然无声地存在下去，但是它会永远发挥作用，而面对我们的骨灰，高尚的人们将洒下热泪。①

---

① 马克思恩格斯全集第一卷［M］. 北京：人民出版社，2002：459-460.